Michel Rocard

Entretien avec Judith Waintraub

Du même auteur

L'Inflation au cœur, Gallimard, 1975.
Parler vrai : textes politiques, Seuil, 1979.
Plan intérimaire : stratégie pour deux ans, 1982-1983, Flammarion, 1982.
A l'épreuve des faits : textes politiques 1979-1985, Seuil, 1986.
Le Cœur à l'ouvrage, Odile Jacob, 1987.
Un pays comme le nôtre, Seuil, 1989.
Ethique et Démocratie, Labor et Fides, 1996.
Les Moyens d'en sortir, Seuil, 1996.
L'Edit de Nantes, Atlantica, 1997.
Le Français, langue des Droits de l'homme, Paroles d'aube, 1998.
La parole est à monsieur le Premier ministre, T. Mage, 1991.
Mes idées pour demain, Odile Jacob, 2000.

Collectifs
Les Dominations socio-politiques dans le monde, L'Harmattan, 1975.
La nation, l'Europe, le monde, Editions de l'Atelier, 1995.
L'Elimination des armes nucléaires : rapport de la Commission Canberra, Odile Jacob, 1997.
Mutualité et droit communautaire : rapport au Premier ministre, La Documentation française, 1999.

MÉMOIRE VIVANTE

Michel Rocard

Entretien avec Judith Waintraub

Flammarion histoire

Ouvrage publié sous la direction de
Perrine Simon-Nahum
et Jean-Michel Djian

Ce travail a été réalisé grâce à Morgane Productions
qui a initié et produit cette série d'entretiens.

ISBN : 2-08-068124-9

Offrir une authentique rencontre avec une personnalité marquante du XXe siècle, c'est le parti pris de la collection « Mémoire vivante ».

Réalisée à l'origine pour la chaîne thématique *histoire*, elle propose, dans chaque entretien, un témoignage historique, riche d'informations souvent inédites car affranchi des contraintes de l'actualité.

Interrogés par des journalistes de la presse écrite ou audiovisuelle, dans une confession active et sincère, les acteurs essentiels de la vie politique et intellectuelle livrent, avec recul et sans retenue, une vision de leur époque et réfléchissent à la façon dont ils ont pu changer le cours des événements.

« Mémoire vivante » : un regard sur hier, une tribune pour faire comprendre et se faire comprendre, un apport de vérité à l'actualité autant qu'à l'histoire.

Perrine Simon-Nahum,
Philippe Chazal et Jean-Michel Djian

I.
Formation

— Michel Rocard, nous sommes ici à Sciences Po, un lieu de souvenir puisque vous y avez notamment choisi votre carrière, contrairement aux vœux de votre père, grand scientifique, l'un des pères de la bombe nucléaire française. Comment avez-vous tourné le dos à ce qui faisait partie des valeurs familiales ?

— Je me suis vite aperçu, au lycée, que mes talents en mathématiques et en physique, les disciplines majeures de mon père, n'étaient pas à la hauteur de la tradition familiale. J'ai fait néanmoins des études à peu près convenables. Il y avait encore deux baccalauréats à l'époque. J'ai obtenu des mentions « assez bien » grâce à l'histoire, à la géographie, et au français… Sur la lancée, je me suis retrouvé inscrit en hypotaupe en 1946, la première des deux classes préparatoires aux grandes écoles scientifiques. Quinze jours d'hypotaupe, quatorze heures de maths par semaine, huit heures de physique et de chimie, six ou huit heures d'épures, autant à faire chez soi : le bagne. Un bagne dans lequel je peinais. Pour tout arranger, le professeur de physique était un ancien camarade de promotion de l'Ecole normale supérieure de mon père ; il rêvait donc de voir le jeune Rocard se lever avec la réponse à tous les problèmes difficiles. J'étais mis en évidence, alors même que j'étais déjà en difficulté. Cela a duré quinze jours. Profitant du fait que mon père était en voyage aux Etats-Unis et ma mère à Rome, je suis parti m'inscrire clandestinement à Sciences Po. Peut-être parce qu'il y avait le mot « politique » dedans. En tout cas, c'était une école qui initiait à l'art de la vie plus qu'aux sciences exactes et je m'y sentais fort heureux.

Mais quand mon père est rentré, je me suis fait sonner les cloches. Je ne l'avais pas vu depuis quatre ou cinq semaines – on allait aux Etats-Unis lentement à cette époque-là –, et nous avons eu une conversation qui a dû durer une minute et demi : « T'es un con », « Non papa, tout de même ». « Si, tu es incapable de communiquer avec le vrai progrès de l'humanité, avec les sciences exactes, donc tu n'es pas doué, et tu vas apprendre à baratiner. » Les mots sont de lui : « Tu vas apprendre à coordonner les autres, c'est-à-dire à les parasiter, à les paralyser. Ça m'est insupportable, je te coupe les vivres. Comme j'ai une réputation à tenir, je ne peux pas te chasser de chez moi : nous habitons Paris, je suis un homme bien en vue, tu seras toujours nourri, logé, blanchi à la maison, mais tu te débrouilleras pour tes besoins supplémentaires, tes cours, tes vêtements, etc. » Puis il continue : « De plus, comme tu vas étudier des choses inexactes, imprécises, il faut que tu apprennes quelque chose qui te résiste. » Ces phrases sont formidables. A l'époque, j'étais furieux, mais je lui en sais le plus grand gré : « Il faut que tu apprennes des choses qui te résistent, et puisque les sciences exactes te résistent trop, que tu n'en es pas capable, il n'y a que la matière ; je t'embauche comme tourneur-fraiseur dans les laboratoires de l'Ecole normale supérieure. » J'ai donc été à tiers de temps, dix heures par semaine, pendant deux ans, tourneur-fraiseur dans les laboratoires de l'Ecole normale supérieure, histoire de me faire un peu d'argent de poche jusqu'à ce qu'un jour, le contremaître déclare à mon père : « Vous savez, votre fils, monsieur le professeur, je sais pas ce qu'il donnerait dans les études, mais il ferait un rudement bon tourneur. » Cela m'a rendu très fier, j'ai même pensé un temps, devenant militant socialiste pendant cette période, qu'avoir un CAP de tourneur-fraiseur ce serait remarquable !

Il est très difficile pour n'importe quel enfant, de se faire un nom quand on a un père ou une mère célèbre. En plus, mon père avait le caractère anguleux. Il a formé la moitié des chercheurs dans le domaine de la physique française · il a été durant trente ans le directeur du laboratoire de physique de l'Ecole normale supérieure. C'est un laboratoire qui a produit deux prix Nobel, et la moitié des grands physiciens français sont ses anciens élèves, y compris Pierre-Gilles de Gennes. Bref, il n'avait pas que des amis, et j'ai pensé que j'aurais contre moi tous ceux qu'il avait humiliés ou combattus. Il me fallait vraiment me frayer ma voie sous d'autres cieux.

— *Votre mère était plus ouverte à d'autres formes de voies professionnelles, et notamment à d'autres modes d'engagement dans la société...*

— Ma mère était une ancienne institutrice et donc un peu moins fermée à tout cela, mais elle était en ascension sociale, si j'ose dire, et très soucieuse de me voir assumer la dynastie familiale. Il faut dire que mon père était normalien, mon grand-père polytechnicien, mon arrière-grand-père également polytechnicien. Mon choix sonnait comme une trahison, et elle l'a très mal vécu elle aussi.

— *Comment vous est venu le goût de la politique?*

— Il ne s'agit pas vraiment de goût. Ce n'est pas un métier qu'on peut aimer facilement. Je suis né en 1930, j'avais donc dix ans au moment de l'invasion de la France. J'ai fait mes études sous l'occupation allemande. Mon père, grand résistant, quitte la France en août 1943, à bord d'un de ces petits avions anglais téméraires, qui se posaient en France n'importe où à la lumière de lampes de poche. J'ai passé un an et demi sans autres nouvelles de lui que les messages codés de Radio Londres. J'avais quinze ans en 1945, l'âge auquel on commence à s'ouvrir au monde, à comprendre l'histoire, à lire de la philosophie, à réfléchir à ce qui arrive à l'humanité.

L'année 1945 symbolise pour moi deux événements. Le premier, c'est une participation en tant qu'éclaireur unioniste, boy-scout, aux équipes qui accueillaient les déportés de retour des camps de la mort. C'était un spectacle hallucinant pour un enfant de quinze ans. En même temps, apprenant un peu d'histoire, j'ai découvert que Hitler était un élu du suffrage universel. Cela revenait à admettre que la guerre est un produit de la politique, et que la politique est une chose extrêmement grave, dangereuse même, et qu'il est préférable de s'en occuper quand on croit à la paix. Le goût n'a donc rien à faire là-dedans : j'ai ressenti cela comme une sorte de nécessité. Je commençais tout juste à m'intéresser à la vie publique, je nouais des contacts avec mes camarades étudiants de Science Po, dont quelques-uns étaient à la SFIO. C'était aussi l'époque de la guerre d'Indochine, une autre horreur. Mon engagement politique s'est durci et façonné à la lumière des désaccords que je ressentais face à la réalité des faits, puis des combats que j'ai menés, d'abord contre la guerre d'Indochine, et ensuite le Maroc, la Tunisie en faveur de la décolonisation. C'est à l'occasion de la guerre d'Algérie que je suis passé d'un militantisme bénévole, réunions du soir, distribution de tracts le dimanche, à la politique permanente.

— *Familialement, les influences n'étaient pas vraiment de gauche.*

— Mon père était conservateur. Il avait été, dans la Résistance, un gaulliste fervent. Il avait même été chef de tous les dispositifs radars et électroniques des Forces navales françaises libres. Lui qui avait été réformé du service militaire pour cause de surdité était revenu avec le grade de lieutenant-colonel, ingénieur en chef du génie maritime. Il a fait une très belle guerre. Une fois rentré en France, il a cessé d'être gaulliste ; il était plutôt dans la ligne de Pinay, son mentor en politique, conservateur éclairé, à la fois soucieux de la monnaie et de l'ordre public, et très lié à l'effort de guerre américain. Il a financé son laboratoire, en faisant des recherches pour le Pentagone pendant un certain temps. Cela rejoint ses travaux de physicien au service des armées, et donc sa contribution à l'effort nucléaire français.

— *Dans certains de vos livres, comme « Le Cœur à l'ouvrage », vous parlez beaucoup du pasteur Aeschimann, dont vous dites qu'il a complété l'influence de votre mère, notamment par une ouverture plus sociale.*

— Mon père était de famille catholique, lui-même complètement agnostique mais sociologiquement catholique. La famille de ma mère était une famille d'instituteurs savoyards. La Savoie n'était pas une terre de guerre de religion comme la Bretagne ou le Nord, et tous les instituteurs savoyards étaient baptisés et laïcs tolérants. Ma mère s'est convertie au protestantisme quand elle avait vingt ou vingt et un ans, probablement sous l'influence d'un professeur de philosophie. Elle a souhaité que ses deux enfants soient protestants. J'ai donc fait du scoutisme clandestin pendant l'Occupation. Le scoutisme était alors interdit. Nous étions anti-nazis dans l'âme, plus anti-nazis qu'anti-allemands d'ailleurs.

A la fin de cette période, j'ai suivi des cours d'instruction religieuse dans la paroisse du Luxembourg dont le pasteur était un homme extraordinaire, un homme dont la foi était très profonde, et qui la vivait avec une moralité exemplaire. Faire son instruction religieuse avec un homme pareil, cela vous marque, cela m'a indéniablement marqué sans que cet engagement soit empreint au départ d'une quelconque coloration politique.

Un homme de bonne foi peut-il entendre un message comme « Aimez-vous les uns les autres », ou « Tu ne tueras point » ou encore « Il est plus facile à un riche d'entrer par le chas d'une aiguille que d'entrer au royaume du ciel », qui est un plaidoyer pour les pauvres, sans réagir ? J'ai vécu profondément ce message, qui était pour moi socialement révolutionnaire. D'autres ont eu une vision différente, mais ce message a eu une résonance particulière en moi.

Au même moment – j'étais alors tourneur-fraiseur à l'Ecole normale – j'étais initié au vécu de la classe ouvrière par un contremaître trotskiste, ancien militant communiste dans les Brigades internationales en Espagne et avec lequel j'ai passé des centaines, sinon des milliers d'heures. Bertin – c'était son nom – dirigeait soixante travailleurs dans trois grands ateliers et m'avait pris à ses côtés pour surveiller mes premiers pas dans l'art du tour. Il m'a raconté le « Mallet et Isaac » en négatif, si je puis dire, l'histoire de France revue et corrigée à la lumière de la souffrance de la classe ouvrière, tout ce qu'on n'apprenait pas à l'école, et j'avais été sidéré. Si vous mettez les deux expériences côte à côte, cela conditionne bien une entrée dans le monde socialiste. Ma vérité politique à moi, c'est l'indignation d'abord contre la guerre mondiale, contre les horreurs racistes, puis contre les guerres coloniales. Je me définis comme un militant des Droits de l'homme, et, par conséquent, comme un militant socialiste, plutôt que l'inverse. J'ai rencontré la dimension économique et sociale du socialisme plus tard.

— *L'adolescent Michel Rocard sortait-il, allait-il au cinéma, lisait-il des romans?*

— Lire des romans, oui. Sortir, beaucoup moins. J'avais dix ans en 1940. Les quatre années suivantes se sont passées à avoir faim, au milieu des alertes et du couvre-feu. Nous n'avions pas d'argent. Mon père était professeur. Nous étions une famille de petite bourgeoisie intellectuelle, pas vraiment dans la gêne mais pas loin. La lecture plus que tout autre chose m'a offert un refuge au cours de ces années. De plus, j'étais peu sportif : j'ai eu une croissance tardive, j'étais tout petit. Quant à l'école, les deux chefs d'équipe de football se livraient aux mouvements de pied pour savoir qui mettrait le pied sur celui de l'autre, j'étais toujours le dernier choisi, parce qu'un des moins dégourdis et un des plus fluets. Je me suis aperçu beaucoup plus tard, en 1947, que j'avais un rythme cardiaque très lent, que je tiens sans doute de ma mère, un rythme de montagnard. J'ai pu ainsi par la suite faire beaucoup de marche, de camping et trekking, un peu de cross et du ski. J'ai été honorablement sportif, mais plus tard. Sous l'Occupation pas du tout, j'étais avant-dernier ou dernier à toutes mes épreuves de gymnastique. Le vrai refuge, c'était la lecture, et ce, très tôt : Romain Rolland, Balzac un peu, Stendhal beaucoup. Et puis les grands auteurs russes, Dostoïevski surtout.

J'allais plus rarement au cinéma, je me souviens de ma première séance où ma mère m'avait emmené. C'était *Blanche Neige et les sept nains*. Une émotion fabuleuse. Pendant la guerre, je n'ai aucun souvenir de cinéma. En revanche, immédiatement après-guerre, pendant mes études, je suis devenu assez cinéphile. J'ai même beaucoup participé à des ciné-clubs. C'est l'époque où l'on redécouvrait Jouvet, Renoir, *La Marseillaise*, *Quai des brumes*, *Hôtel du Nord*, et puis l'inoubliable *Jeanne d'Arc*. J'ai été un cinéphile assez enthousiaste, mais par la suite le militantisme a mangé mes soirées.

— *Vous arrivait-il de sortir avec des amis qui ne discutaient pas politique ?*

— Oui, notamment quand je suis allé faire de la voile aux Glénans. Dans les milieux sportifs, on n'aimait pas la politique. Je me souviens avoir eu une grande bagarre au cours de mon second séjour aux Glénans parce que j'y avais emmené une bande d'étudiants socialistes. Nous voulions, dans les temps de pause ou les soirs de veillée, approfondir des discussions, des lectures. Le chef de camp avait trouvé cela scandaleux et non conforme à la déontologie sportive. Il faut se souvenir de ce qu'était alors notre environnement, le retour des déportés, la guerre d'Indochine – c'était tout de même un phénomène monstrueux – puis le tiers-monde – la Russie émergente, la guerre froide. Essayez aujourd'hui de faire comprendre à des Français que l'emploi de la bombe nucléaire est plus probable qu'il ne l'a jamais été depuis 1945, à cause de l'Inde et du Pakistan, ou de la politique américaine qui est un encouragement à la prolifération – je crois que c'est là un des grands dangers pour l'humanité – tout le monde s'en moque. A l'époque, c'était le contraire, la politique nous cernait de toutes parts, tuait beaucoup. Nous nous sentions concernés.

— *N'y avait-il pas aussi une espèce d'euphorie d'après-guerre, les prémices d'une demande de libération de la femme, en particulier. Les filles que vous fréquentiez commençaient-elles à prendre conscience des libertés auxquelles elles pourraient prétendre ?*

— Le mouvement n'a émergé que lorsque j'étais déjà à l'âge adulte. Si la France était pour l'essentiel physiquement libérée avant les tickets de rationnement qui sont restés en vigueur jusqu'en 1947, on a continué à avoir froid et à ne pouvoir ni se chauffer ni s'habiller décemment. Ce sont les générations qui me suivent qui ont vécu ce grand mouvement d'émancipation féminine. Moi, je ne l'ai pas vraiment ressenti.

Mes premières amours furent protestantes dans le cadre de ma paroisse. Mes premières amours les plus profondes furent cependant anglaises, mon père ayant eu l'intelligence, et je lui en rends grâce tous les jours, de m'envoyer deux étés de suite trois mois pleins en Angleterre pour que j'apprenne l'anglais. C'était en 1946 et 1947. Ce fut d'ailleurs une fabuleuse expérience car j'étais reçu par le collège des familles qui avaient composé le conseil de la guerre secrète. L'affrontement scientifique entre Allemands et Anglais a été central, et la guerre fut gagnée notamment grâce au fait que les Anglais ont eu le radar en leur possession bien avant les Allemands. Je vivais un amour platonique avec la fille du génial germaniste qui servait d'interprète au service anglais de la guerre secrète et déchiffrait les noms de codes, les allusions littéraires, cachées, etc. Il fallait être totalement bilingue et avoir du génie pour cela. Je me suis peu occupé de son père et beaucoup d'elle, ce qui explique que je parle un anglais à peu près convenable.

J'ai fait la connaissance de ma première femme lors de rencontres collectives entre scouts protestants. Elle était cheftaine de louveteaux dans une paroisse différente de la mienne. Mes parents s'entendaient très mal, et j'ai eu très tôt le réflexe de fuir l'atmosphère familiale. C'est probablement ce qui a fait de moi, un « suractif » extérieur. C'est pour cela que j'ai passé quatorze ans chez les éclaireurs unionistes, les boy-scouts, dont six comme responsable. Ensuite, je suis entré en politique. C'est un mariage qui n'a jamais très bien marché, peut-être parce que c'était trop tôt, peut-être aussi parce que j'avais besoin de m'en aller. Mais j'ai eu deux beaux enfants de ce mariage. Une fille et un fils, qui à eux deux m'ont fait maintenant déjà huit fois grand-père.

C'est beaucoup plus tard, au PSU, que j'ai fait la connaissance de ma seconde épouse, Michèle. Elle s'était engagée au PSU par conviction. La guerre d'Algérie était finie, la France commençait à devenir une démocratie, on s'habituait à ce que le général de Gaulle consulte le peuple français, organise des élections totalement démocratiques, mais le grand combat de l'époque c'était la lutte contre la société de consommation. C'est l'époque de l'émancipation de la femme et Michèle a eu ce réflexe de se socialiser dans un monde compatible avec ce qu'elle pensait. Nous avons emménagé ensemble en plein Mai 68, le 15 mai exactement.

Elle était déjà une jeune sociologue de talent. Sa réflexion sur la vie des organisations, puis sur les mouvements de grèves, les mouvements sociaux de l'époque étaient riches et nous éveillaient l'esprit.

— *Comment avez-vous accueilli l'émergence du féminisme. L'avez-vous ressenti comme une agression?*

— Pas du tout, d'autant que j'avais été jeune un protestant timide. J'ai eu une mère plutôt possessive, abusive, qui a démoli psychologiquement ma relation avec la gent féminine pour longtemps. C'est après, probablement à l'occasion de ce changement d'époque, que je me suis retrouvé, sur ce plan-là, un adulte normal.

J'ai eu du mal à retrouver un équilibre et du coup, mon deuxième couple a aussi échoué.

— *Qu'est-ce qui vous demandait le plus d'efforts dans cette nouvelle attitude des femmes dans la société?*

— Le fait de comprendre. Je me trouvais décalé : je ne sais pas faire la cuisine, je suis nul en tâches ménagères, je suis archaïque à cet égard et je le ressens comme tel. Cela se joue beaucoup par rapport à mes enfants : deux fois deux enfants, quatre en tout, que je n'ai pourtant pas su pouponner comme certain pères d'aujourd'hui.

II.
L'engagement

— *Pourquoi le jeune homme que vous étiez a-t-il choisi la SFIO ?*

— Au moment de la Libération, le communisme a connu un immense rayonnement, l'Union soviétique était associée à la victoire à laquelle elle a beaucoup contribué. Le monde a alors pris conscience de l'importance du sacrifice humain qu'elle avait consenti pour cette victoire et du fait que des dizaines de millions d'hommes russes s'étaient battus pour un monde libre. L'ensemble du tiers-monde aspirait à une forme de développement différente du capitalisme, et l'Union soviétique faisait alors figure de référence pour une bonne partie du monde.

En France, un nombre important de personnalités, romanciers, réalisateurs de cinéma, chanteurs, étaient communistes. De ce fait, de nombreux étudiants qui ont un sens politique vont naturellement devenir communistes. Ma génération, qui a quinze ans en 1945, est évidemment très politisée. Et ceux qu'on retrouve à droite aujourd'hui ont commencé leur jeunesse à gauche, y compris le président de la République actuel, Jacques Chirac, que j'ai bien connu à l'époque parce qu'il fréquentait les réunions des étudiants socialistes. Mais le communisme manifestait déjà quelques-uns de ses travers, et je me souviens avoir été frappé, avant d'adhérer où que ce soit, par l'esprit dominateur, totalement sectaire et dogmatique des étudiants communistes, notamment au sein de la section communiste de Sciences Po. Je trouvais cela désagréable et révélateur d'une façon de penser, d'une discipline collective. Puis, un certain nombre d'incidents sont survenus comme par exemple le sort qu'ils ont réservé à l'immense historien Toynbee, et surtout, peu après, à l'inoubliable livre de Kravchenko, *J'ai choisi la liberté,* contre lequel le mouvement communiste mondial a mené une campagne absolument invraisemblable, essayant de faire croire que tout était faux, allant jusqu'à l'attaquer devant la justice en produisant des témoignages à l'évidence mensongers. J'avais lu ce livre en deux jours et demi. C'est un pavé formidable qui sentait l'authenticité à plein nez, si j'ose cette expression, absolument convaincant. J'y retrouvais ce dogmatisme, ce refus des déviances, cette prédisposition à une orthodoxie conquise chaque matin dans *L'Humanité.* Les réunions de la cellule communiste de Sciences Po se résumaient en effet à des lectures commentées de *L'Humanité*, pour apprendre la ligne. La lecture de ce livre a contribué à me vacciner. Au même moment, d'autres groupes d'étudiants formaient à des organisations bien plus réduites en nombre. Ainsi le club des lecteurs de *L'Observateur*, qui allait devenir l'un des éléments constitutifs de ce qui sera un jour le PSU. Néanmoins, l'idée d'adhérer à des groupuscules, quand on poursuit le projet d'améliorer ou de changer le pays tout entier, me paraissait folle.

Mon entrée politique vient aussi de ma conviction profonde qu'il fallait faire l'Europe, en dépit des guerres qui ont déchiré ce continent. Nous sommes aujourd'hui quinze dans l'Union européenne. Depuis quatre ou cinq siècles, la France a été en guerre avec douze des quinze pays et comme la permutation est circulaire, nous avons tous été en guerre les uns contre les autres! Et nous avions réussi, en deux guerres mondiales, à naufrager l'Europe, abandonnant la puissance et la direction des affaires internationales aux mains des Russes et des Américains. Tout ceci me paraissait insensé. Je suis donc devenu un fervent Européen et je le suis toujours, d'ailleurs. J'ai été invité par le père d'un ami, Jean-Jacques de Félice, qui a fait par la suite une très belle carrière d'avocat. Son père était sénateur radical du Loiret, et il nous a convié à une « assemblée des peuples d'Europe » qui se tenait à Strasbourg. C'était une pagaille monumentale. Les partis politiques classiques n'avaient pas été autorisés à assister à la réunion qui tenait ainsi davantage du rassemblement d'écrivains, de journalistes, d'universitaires, d'intellectuels. Ceux-ci avaient invité quelques politiques à s'exprimer, mais ils avaient constitué une sorte de bureau chargé de mener des débats un peu spontanés, et les gens se battaient pour avoir le micro. J'ai vite compris que l'organisation était nécessaire et qu'on n'échapperait pas aux partis politiques. Traînant dans les couloirs de cette incroyable assemblée (ce devait être en 1948 ou 1949), je rencontre alors deux de mes camarades de Sciences Po, plus vieux que moi d'une promotion. Eux aussi étaient venus par curiosité. Nous discutons et tombons d'accord sur le fait qu'il faut faire l'Europe. Ils me disent alors : « Si tu crois à l'Europe alors que les communistes n'y croient pas, viens donc avec nous, nous sommes à la SFIO. » Je rétorque : « La SFIO, vous n'y pensez pas ! » C'était le parti qui venait de se déshonorer dans le scandale des vins, le parti de la guerre d'Indochine. Je trouvais que c'était une structure croupissante. Mes deux camarades me disent : « On sait tout cela. Ne nous fais pas le leçon. Mais si tu n'aimes pas les groupuscules, il faut bien faire évoluer les choses de l'intérieur, ou alors tu es communiste et il faut le dire. » J'étais d'accord avec eux. Il y avait eu une grande crise l'année précédente au cours de laquelle le secrétaire général de la SFIO Guy Mollet avait prononcé la dissolution du mouvement des jeunesses socialistes, parce qu'il était devenu trotskiste, indiscipliné de manière permanente, jusqu'à se permettre un esclandre au cimetière du Père-Lachaise devant le monument du souvenir des fédérés lors d'un anniversaire. C'était le premier mai, et le président du Conseil de l'époque, Paul Ramadier, assistait à la cérémonie. Le service d'ordre, fourni par les jeunesses socialistes, s'était mis à huer le président Paul Ramadier pour protester contre la répression qui s'abattait alors sur les grévistes de l'usine Renault.

Guy Mollet a dissout le mouvement des jeunesses socialistes, puisqu'au départ jeunesse et étudiants étaient confondus dans une seule organisation. On a immédiatement reconstruit deux petits mouvements séparés pour que ces trublions d'étudiants n'aillent pas communiquer le mauvais virus intellectuel aux jeunes travailleurs honnêtes, et c'est comme cela qu'a été recréé un mouvement des jeunesses socialistes plus réduit en nombre, de mille à deux mille cinq cents personnes, dont le secrétaire général s'appelait Pierre Mauroy, à côté duquel s'est développé un mouvement distinct, autonome, mais plus restreint, de trois à trois cent cinquante étudiants à travers la France. Je suis donc entré aux étudiants socialistes sur la base d'une clause qui stipulait qu'on pouvait adhérer sans être membre du parti lui-même. J'étais quitte du déshonneur d'appartenir à cette structure vermoulue et au fond peu sympathique qu'était la SFIO. Mais l'année d'après, je me suis aperçu que pour être élu responsable de quelque chose chez les étudiants socialistes, ne serait-ce que du cercle de Sciences Po, il fallait avoir sa carte du parti. Je l'ai prise en me disant que telles étaient les responsabilités : il faut se confronter avec la réalité des hommes, même si celle-ci n'est pas toujours ce qu'on souhaite.

— *A l'époque, vous vous méfiez du trotskisme et pourtant, quelques années après, vous allez être un des principaux alliés du PSU...*

— Oui, mais le PSU n'a jamais eu de majorité trotskiste. Il a été infiltré un peu plus tard par des maoïstes, mais le trotskisme y a toujours été assez restreint. On disait qu'il y avait des tendances trotskistes, mais ce sont des cultures, ce sont des langages de la gauche, et les trotskistes institutionnels, si j'ose dire, n'ont jamais compté plus de 8 ou 9 % des membres du PSU. D'autres cultures étaient plus représentées. L'une était radicale progressiste. Une autre, la plus nombreuse, une culture de vieux socio-démocrates honnêtes et anticolonialistes. Il y avait également une tendance catholique de gauche très marquée, ainsi qu'un courant un peu anarchisant, celui qui ouvrira la voie au maoïsme par la suite. On a mis du temps à façonner un langage commun, une vision commune, parce que le PSU, né de la guerre d'Algérie, a été le lieu de regroupement de tous ceux qui refusaient une gauche qui les déshonorait. Il a rassemblé des anciens communistes qui trouvaient que leur parti vendait son âme dans la guerre d'Algérie et souhaitaient un communisme rénové; des anciens socio-démocrates, lesquels trouvaient que la sociale-démocratie se déshonorait avec Robert Lacoste et la guerre d'Algérie et pour qui la grande ligne de la social-démocratie mondiale c'était la décolonisation; des catholiques de gauche qui en voulaient à l'Eglise d'avoir trop longtemps couvert de son autorité et de ses bénédictions une aventure coloniale dénuée de sens; des trotskistes qui rêvaient d'un trotkisme régénéré. La guerre d'Algérie a été notre ciment, et nous avons, je crois, déclenché un mouvement de manifestation populaire qui encombrait les rues de Paris tous les quinze jours pendant l'hiver 1961-1962, même si cela s'est terminé à Charonne. C'est le PSU qui avait lancé tout cela. Mais quand la guerre d'Algérie fut finie, notre lien a disparu et nous nous sommes retrouvés divisés.

— *Vous avez joué à cette époque-là un rôle tout à fait particulier à travers un rapport que vous avez pris l'initiative de rédiger…*

— C'était en 1958-1959. Au milieu des événements, il avait bien fallu faire son service militaire. Je l'ai fait à Paris, étant déjà marié. Fin 1956, Guy Mollet, alors président du Conseil – c'était à l'époque la dénomination officielle du Premier Ministre – avait pris une décision curieuse, arguant que la guerre d'Algérie n'est pas une affaire d'indépendance, comme on le disait, mais de sous-administration, un raisonnement comme un autre. Il décida qu'à l'avenir les promotions de l'ENA prendraient leurs premiers postes en Algérie, à commencer par la promotion en cours. L'ensemble de la promotion est donc partie en janvier 1958, à l'exception de ceux dont l'état de santé ne le permettait pas, comme Jacques de Larosière qui relevait d'une primo-infection, et ceux dont j'étais qui avaient déjà des enfants.

Le 13 mai 1958, la France amorce un changement de République, et le général de Gaulle devient président du gouvernement provisoire. Il sera élu président de la République six mois après, et curieusement, il confirme non seulement la décision mais modifie le barème d'exemption. Les états de santé deviennent moins exigeants et il faut désormais trois enfants pour être exempté au lieu de deux. Si bien que mon vieil ami Jacques de Larosière et moi-même, rejoignons l'Algérie en septembre 1958, juste avant la scission de la SFIO, qui va donner naissance au PSA puis au PSU.

J'avais été l'un des artisans de cette scission, dans la mesure où, gérant le fichier de la minorité, j'étais donc l'un des assistants, technique dirais-je, d'Edouard Depreux, le chef socialiste qui a décidé que l'honneur était en cause et qu'on ne pouvait plus demeurer au sein du parti de Robert Lacoste ni cautionner la torture en Algérie.

Je retrouve en Algérie un vieux camarade de l'école primaire, Eric Westphal, qui remplissait les fonctions de secrétaire particulier de Paul Delouvrier, alors délégué général du gouvernement en Algérie. Par le canal d'un autre de mes amis, du temps des combats anticolonialistes parisiens, Jacques Bugnicourt, qui était officier SAS et sous-préfet dans l'abandon général du pouvoir civil (on avait confié des fonctions d'administration civile à des officiers), j'apprends alors qu'il se passe des choses extrêmement graves, dont personne ne savait rien à Paris. L'armée déportait des centaines de milliers de personnes depuis leurs villages, les mettait dans des camions, les emmenait dans des centres de regroupement. Ces personnes déplacées avaient perdu leurs champs, leurs récoltes et leurs troupeaux, n'avaient plus rien à manger. Tout était fait pour pouvoir tirer au napalm sur les collines contre les compagnies du FLN. L'insistance de Jacques est extrême : il faut informer, prévenir le pouvoir. Je demande une audience à Paul Delouvrier. En bon inspecteur des Finances, il me répond : «Tâchez d'en savoir plus, faites-moi un rapport», et je me sers, à ce moment-là, d'une mission de l'inspection des Finances qui nous avait chargés de vérifier le service du cadastre et de l'organisation foncière en Algérie.

Je me trouve ainsi verbalement, mais tout à fait officiellement, chargé d'établir un rapport de mission sur ordre du délégué général du gouvernement d'Algérie. Simplement, l'objet précis de ce rapport ne pouvait pas faire l'objet d'un écrit, puisqu'il s'agissait d'enquêter sur… les gigantesques bavures que commettait l'administration militaire sans le dire à quiconque, et surtout pas à l'administration civile. L'armée n'avait pas de crédits pour assurer la subsistance de ces gens. Elle ne voulait pas absolument les tuer, mais comme il n'y avait plus ni troupeaux, ni récoltes, rien dans les villages qui permette de les nourrir, même pas d'eau potable, ils mouraient à la pelle. J'ai donc rédigé ce rapport clandestinement. Il a été tapé par la secrétaire personnelle de Delouvrier en neuf exemplaires numérotés. Celui-ci en a conservé six pour les quelques chefs de service, civils ou militaires en qui il avait confiance, m'a demandé d'en garder un pour moi et de me débrouiller pour faire passer les deux autres aux échelons supérieurs du gouvernement à Paris. Ce qui signifie que le délégué général du gouvernement en Algérie, n'avait, à l'époque, aucun moyen de correspondre secrètement avec le chef de l'Etat, le général de Gaulle. Quand je suis rentré à Paris, j'ai fait parvenir un exemplaire au cabinet du président de la République, par l'intermédiaire de l'un de mes camarades de promotion, et un second au cabinet du ministre de la Justice, à Edmond Michelet, qui me paraissait être l'homme le mieux à même de comprendre la situation et d'y mettre un terme. Et du cabinet de Michelet, on l'a transmis à la presse, de manière à obtenir l'écho maximum.

— *« On », c'est vous et le cabinet ?*

— Non. Je risquais déjà là-dedans gravement ma peau. Parce que le service officiel de l'inspection des Finances d'Algérie était dirigé par un inspecteur général partisan de l'Algérie française, il n'était pas question de violer le secret. J'ai donc fait mes tournées d'inspection pendant le week-end, et dans les camps de montagnes. J'ai surtout tourné dans des « centres de regroupements » en Oranie, dans l'Orléanvillois, l'Algérois et un peu dans l'Ouarsenis. Je ne suis pas allé jusque dans les Aurès parce qu'en voiture c'était par trop dangereux et compliqué. Une fois je me suis même fait tiré dessus. Pour ma part, il me suffisait d'informer le chef de l'Etat. Nous savions tous que lui n'était pas un tortionnaire, et nous commencions à comprendre – on est en 1959 – qu'il prenait ses distances avec la pure Algérie française et la politique de répression. Les hommes du cabinet d'Edmond Michelet qui ont communiqué ce rapport à la presse ne m'ont pas consulté. Ils ont eu raison, j'aurais absolument refusé : chacun son métier. C'est d'ailleurs pour cela que je n'ai pas été révoqué.

— *Vous n'avez subi aucune conséquence fâcheuse?*

— Non, mais la sortie du rapport a provoqué un tremblement de terre. Il y a eu une séance de questions à l'Assemblée nationale : Jacques Duclos, assis sur son banc, trépignait en apostrophant Michel Debré. Il disait : « Alors, monsieur le Premier ministre, c'est un rapport de communiste… », et Michel Debré essayait de se dépatouiller comme il pouvait. La France a été durement attaquée à l'ONU. On a immédiatement débloqué 10 milliards d'anciens francs pour subvenir aux besoins de ces centaines de milliers de personnes, et surtout la décision de mettre un terme à ces agissements a été prise au plus haut niveau militaire. J'ai donc probablement sauvé quelques centaines de milliers de personnes… Mon évaluation était qu'on en avait déporté près d'un million, et qu'il en était déjà mortes deux ou trois cent mille. Un jour j'ai vu mourir un bébé dans les bras d'un lieutenant. Je lui ai dit : « Ça n'a pas l'air de vous émouvoir beaucoup. » Ce à quoi il a répondu : « Monsieur, je vous en prie, c'est le troisième depuis quatre jours. Si je devais m'émouvoir, je changerais de métier. »

Ces événements ont nourri ma réflexion sur l'oppression organisée. Quelques-uns des officiers que j'ai rencontrés m'ont beaucoup ému. J'ai un souvenir prodigieux d'un méchoui tardif dans un petit fort de l'Orléanvillois, au cœur de l'Ouarsenis. J'étais arrivé avec un chauffeur dans une voiture militaire précédée et suivie d'un camion à découvert transportant chacun une quinzaine de soldats mitraillette sur les genoux. Nous arrivons dans ce petit poste commandé par un lieutenant admirable, le lieutenant Geldrecht. C'était un militaire tout à fait exemplaire, mais qui croyait à l'Algérie française et s'insurgeait contre les lenteurs du commandement et les promesses non tenues de Paris, comme par exemple pour les terres et les plantations, destinées, croyait-il, à ces populations. En même temps il était sans aucune espèce de faiblesse. Il avait soixante hommes sous ses ordres. Il m'a dit : « Si je sors une patrouille de dix, vingt hommes, vu l'effectif de la *katiba* (compagnie du FLN) voisine, ils seront tous ratatinés… Si j'envoie dehors plus de trente hommes, ils savent qu'il m'en reste moins, c'est le fort qui sera assiégé. Je ne peux faire de sortie qu'avec la moitié, parce que là, j'ai une patrouille de trente et qu'avec trente hommes restant dans le fort, je tiens toujours. » Il avait un grand camp de regroupement autour du poste comptant probablement plusieurs centaines de familles, sans troupeaux, et dépourvues de tout, n'ayant rien à manger. C'était abominable. Le soir, autour du feu du méchoui, il m'a raconté sa vie, me confiant des choses tout à fait extraordinaires, à moi qui étais, vis-à-vis de lui, dans le mensonge, puisque je venais décrire, le camp de regroupement, à son insu. Il me l'avait fait visiter grâce à mon ordre de mission officiel, mais pas pour l'usage auquel il s'attendait : « Monsieur, un des drames de notre pays tient au fait que la République française n'a jamais eu confiance en son armée. Nous sommes paralysés par le fait que les commandements logistiques sont toujours étrangers aux commandements opérationnels, il faut négocier pour avoir n'importe quoi. » L'homme était très émouvant. C'était un Alsacien, il était superbement habillé de cet uniforme… bleu, noir à bandes jaunes, et je le revois encore me disant : « En plus, regardez mes hommes. » Ils étaient assez dépenaillés, visiblement mal entraînés. On sentait une discipline un peu incertaine qu'il avait du mal à maintenir. En moi-même je pensais que c'est une folie et une insulte à l'égard de ces hommes que de leur faire mener un combat qui n'avait pas de sens ou qui, s'il en avait un, était inhumain. La géopolitique ambiante voulait que l'Algérie parvienne à l'indépendance. Il y avait dix millions d'Algériens pour un million de Français qu'on appelle « de souche » qui ne comprenaient rien à ce qu'il leur arrivait, et pensaient qu'on pouvait toujours tenir par la répression. Tout cela était horrible, mais cela représente pour moi une expérience inoubliable.

— *Je suis frappée dans vos propos par votre absence de sectarisme. Vous ne réagissez ou ne raisonnez presque jamais selon les catégories droite/gauche. C'est quelque chose qui vous a beaucoup distingué de vos camarades socialistes. Vous le devez à ce genre d'expériences…*

— Oui, largement. A cette époque, les notions de droite et de gauche revêtaient une réelle importance. Maintenant, la délimitation entre la droite et la gauche a changé, et le contenu économique et même social n'a plus de rapport avec les identités d'origine de la droite et de la gauche en France, principalement définies par la position à l'égard de la laïcité. A cette époque-là, il était clair que l'essentiel des hommes qui se sentaient plutôt à droite approuvaient la politique de maintien de l'Algérie dans la République française, quels qu'en soient le coût et la brutalité, alors qu'il n'y avait d'anticolonialistes qu'à gauche même s'il ne s'agissait pas de toute la gauche, loin s'en faut, puisque la gauche avait aussi sa part de responsabilités dans les opérations. Se dire de gauche, quand on était social-démocrate sous Guy Mollet, sous Robert Lacoste, ministre répressif en Algérie, n'avait plus grand sens. C'est vrai que j'ai toujours prêté plus d'attention aux conduites des hommes qu'à leurs étiquettes, et bien m'en a pris, même si cela m'a souvent valu des critiques. Mais quel destin politique n'en subit aucune?

— *Le choix de l'inspection des Finances en 1957 à votre sortie de l'ENA, est-il déjà la conséquence d'une réflexion sur les systèmes économiques, ou pensiez-vous que c'était le seul endroit dans la société où l'on pouvait agir sur la vie des hommes?*

— Ni l'un ni l'autre : j'ai choisi l'inspection des Finances sur ordre. C'est une histoire délicieuse. J'étais à l'époque très lié avec celui qui était mon patron en politique, Alain Savary, qui fut un grand résistant, un grand militaire, puis un grand social-démocrate et un grand gaulliste. J'ai beaucoup de respect pour cet honnête homme, qui était alors la principale référence politique des étudiants. Alain Savary avait été le rapporteur du traité de Marché commun devant l'Assemblée nationale et avait mené à l'occasion un beau combat. C'est probablement l'un des cinq ou six hommes en France à qui nous devons d'être entrés dans la communauté européenne, et j'étais à ce titre éperdu d'admiration. Mais la communauté européenne de défense est venue un peu tôt, et nous avions encore des motifs de craindre le réarmement de l'Allemagne. Je pense maintenant que c'est une erreur de jeunesse et que j'aurais au contraire dû la défendre.

Je me suis donc trouvé aux côtés d'Alain Savary, partisan du traité de marché commun et adversaire de la Communauté européenne de défense. J'étais son principal assistant, et c'est grâce à lui que j'étais devenu secrétaire de la minorité. Nous faisions toutes les semaines une partie d'échecs, et cette semaine-là, la veille de la partie, avait eu lieu l'« amphi garnison », c'est-à-dire la cérémonie au cours de laquelle les élèves de l'ENA, qui connaissent leur classement depuis deux jours, choisissent leur corps. J'étais tout fier parce que je n'avais pas mal réussi. J'ai en effet bénéficié d'un hasard d'organisation. L'Ecole était à l'époque divisée – elle ne l'est plus – en quatre sections – j'étais dans la section sociale, ce qui m'avait, au jeu des péréquations, probablement un peu avantagé. J'arrive chez Alain Savary et lui annonce : « L'amphi garnison est fait et j'ai choisi le conseil d'Etat. » Il me dit alors : « Tu es fou » Je m'explique : « Non, je suis pour l'instant à tes côtés, comme militant politique. Il faut un endroit où j'aie la paix, un lieu de vraie liberté personnelle mais où l'on pense aussi le droit. » Il me regarde amusé et me dit : « Tel que je te connais, tu vas t'ennuyer comme un rat mort, et le droit n'est pas ta tasse de thé. Non, il faut prendre l'inspection des Finances. » J'objecte : « Mais qu'est-ce qui te prend? C'est une bande de sauvages, une jungle d'ambitions personnelles, et un monde très contrôlé par un conservatisme dominant. » Il acquiesce : « C'est justement pour cela qu'il faut y aller. D'abord, nous n'avons pas le droit de leur abandonner ces techniques financières, il faut les connaître ; en second lieu, il n'y a aucune raison de leur laisser le monopole des hommes et des orientations, et enfin, tu auras à faire des choses différentes de celles que tu as faites jusqu'ici. Tu prends l'inspection des Finances. » Il y avait deux « amphi garnisons », le premier préparatoire pour les camarades de l'ENA qui ne sortent pas dans les premiers rangs et choisissent en fonction du choix des autres, et le définitif dans un second temps. Je me retrouve néanmoins dans une position difficile dans la mesure où le choix d'un corps d'affection différent de celui pour lequel vous avez opté lors du premier amphi garnison était vécu comme une trahison. Heureusement, un autre de mes amis fit le choix inverse, rétablissant ainsi l'équilibre, et mes camarades de promotion suivant dans l'ordre hiérarchique n'ont pas eu de raisons de s'en plaindre. Voilà comment j'ai choisi l'inspection des Finances, et je dois avoué qu'A. Savary a eu absolument raison.

J'ai vite réalisé que j'y sentais le soufre après l'affaire des camps de regroupement en Algérie. La fuite des informations dans la presse eut lieu à la fin du mois de mai 1959, et provoqua un remue-ménage de tous les diables. Lors de la première réception, le pot annuel de l'inspection des Finances, rares sont les inspecteurs généraux à m'avoir serré la main.

J'étais visiblement mis à l'écart, sauf par quelques-uns que j'aimerais citer. Trois ou quatre ont voulu en savoir davantage : Roger Fauroux, Michel Albert, René Lenoir, René Thomas, alors en Algérie chargé de vérifier les comptes des réparations d'Orléansville après le tremblement de terre. Ceux-ci sont restés mes amis de toujours.

— *On vous retrouve après les événements d'Algérie, pas loin de Mai 1968, finalement.*

— Nous rentrons d'Algérie en 1959, et j'ai exercé mon métier, à plein temps, jusqu'en 1967, date à laquelle j'ai demandé une disponibilité pour occuper les fonctions modestes et peu rémunérées de secrétaire général du PSU. Entre-temps, j'ai continué à faire des tournées d'inspection et appris comment vit la France de tous les jours. Ce corps de l'inspection n'est pas un grand corps d'Etat, contrairement à ce que l'on croit. C'est simplement un service d'investigation et de contrôle, comme il y en a dans nos ministères. Mais il est au fond le seul qui connaisse bien la France profonde, ce qui explique sa notoriété et les talents qu'il attire. J'ai eu ainsi à vérifier les comptes des abattoires de bovins de Saint-Brieuc, j'ai enquêté sur les distillateurs clandestins des bords des rivières normandes, inspecté la division d'aide sociale de la préfecture de Draguignan, vérifié les camions qui se dédouanent à la gare aérienne du Bourget, quantités de choses où vous voyez l'argent circuler, la France profonde se débattre. J'ai inspecté des impôts directs et indirects, à Saint-Brieux. Après cela, lorsque vous vous promenez en ville, vous connaissez tout des commerçants, ceux qui trichent et ceux qui ne trichent pas, le tout sous couvert du secret professionnel évidemment. C'est un métier fantastiquement éclairant. Si bien que le personnel de l'inspection des Finances est le seul au sein de l'administration française qui ait, par formation, par culture mais aussi grâce à sa connaissance du terrain, quelque idée des réactions possibles de l'opinion à l'égard d'une nouvelle mesure ou d'un changement de politique. C'est un savoir précieux pour une administration. Malheureusement ce corps est l'un des seuls à le détenir. C'est ce qui en fait la puissance, parfois même l'arrogance. C'est une réelle compétence. Non pas une expertise économique, mais une réelle compétence de terrain, qui le met en contact avec la manière dont les Français vivent.

Après la tournée, je suis entré, un peu par hasard, au service des études de la direction du Trésor. J'y ai rencontré Claude Gruson, inspecteur des Finances, lequel avait mis à profit un accident de santé pour lire la totalité de la littérature économique mondiale de l'époque. Il était devenu un formidable théoricien de la macroéconomie, de la planification, l'un des inventeurs français de la comptabilité nationale. C'est là que j'ai commencé ma carrière de fonctionnaire. Trois ou quatre ans plus tard, le président Giscard d'Estaing a décidé de confier à cette fonction d'investigation des travaux d'analyse comptable sectorielle ou ponctuelle. Nous avons fait par exemple des études de rentabilité du réseau express régional ou du Concorde, études tardives qui n'ont pas été prises en compte. C'est ainsi que s'est rodée ce qui est ensuite devenu la Direction de la prévision. C'est au titre de membre du SEEF, Service des études économiques et financières, puis de la Direction de la prévision, que l'on m'a envoyé suivre une année d'études supplémentaires de mathématiques économiques, une année terrible. A raison de soixante ou soixante-dix heures par semaine, j'ai dû assimiler les programmes de mathématiques supérieures, de calcul intégral, de calcul probabiliste et statistique, et de calcul matriciel surtout, ces outils mathématiques sans lesquels il n'y a pas d'économie aujourd'hui.

C'est comme cela que je suis devenu macroéconomiste puisque j'ai par la suite exercé les fonctions de secrétaire général de la Commission des comptes de la nation, c'est-à-dire, en quelque sorte, de sous-chef économiste du ministère des Finances.

— *Dans le milieu politique où vous évoluiez à l'époque, vous deviez apparaître comme « subversif ».*

— Les choses ne se présentaient pas au grand jour car j'évoluais sous un pseudonyme, celui de Georges Servet. J'avais choisi le nom de Servet pour montrer à mes amis protestants qu'eux aussi avaient leurs tares. Eux aussi avaient jeté l'anathème et supplicié par intolérance. Tout protestant que j'étais, mon affirmation d'autonomie et de liberté était pour moi symbolique et nécessaire. Quant à Georges, c'était le prénom d'un oncle maternel que j'aimais bien. Le choix de Michel Servet, comme je me prénomme Michel, aurait été un peu trop transparent. J'avais pris ce pseudonyme car à l'époque on ne pouvait être candidat à l'ENA qu'à la condition d'être agréé par le gouvernement. Il y avait une liste des candidats admis. Un de mes amis, Dominique Wallon, devenu plus tard inspecteur des Finances, président de l'UNEF au moment de la guerre d'Algérie, s'était vu à ce titre interdire de présenter le concours. Or, l'UNEF était à la pointe du combat anticolonialiste et dénonçait tout haut l'action de la France en Algérie, stigmatisant cette guerre inhumaine, scandaleuse, sans issue, sans avenir. Il a saisi le tribunal administratif, plaidé devant le Conseil d'Etat, qui lui a donné raison et a pu ainsi présenter le concours l'année suivante. La France connaissait la censure, nous n'étions pas une démocratie complète et dans mon militantisme, responsable, mais quand même furieusement actif, j'éprouvais le besoin d'être prudent; la plupart de mes compagnons politiques ne connaissaient donc pas mon vrai nom.

— *Même s'ils l'ignoraient, j'imagine que vous manifestiez un intérêt et des compétences pour l'économie qui devaient détonner.*

— Tout à fait. Le Parti socialiste unifié est né en 1960 à la suite d'une scission avec la SFIO en 1958 sur un désaccord au sujet de la politique de Lacoste en Algérie, mais aussi de la démarche de Guy Mollet auprès du général de Gaulle à Colombey en mai 1958. Il ne viendrait à l'idée de personne d'émettre des doutes sur l'attachement du général de

Gaulle à la démocratie. Néanmoins, son éducation, sa formation étaient militaires et si la rumeur de son maurrassisme s'est avérée fausse, il est quand même le fils d'un coup d'Etat. Les démocrates avaient quelques raisons d'être inquiets. Nous jugions de façon très négative et peu convenable le fait que Guy Mollet soit allé chercher un militaire pour mettre en place un gouvernement issu d'un coup d'Etat. La France est aujourd'hui une démocratie florissante, tout le monde y a mis du sien, de Gaulle le premier. Toujours est-il que nous, nous ne mangions pas de ce pain-là, nous nous voulions démocrates. La scission donna naissance au Parti socialiste autonome (PSA), parti relativement important en nombre puisqu'il comptait une dizaine de milliers d'adhérents dont certains aussi prestigieux qu'Edouard Depreux, Alain Savary, Charles Lussy ou Robert Verdier. Beaucoup avaient été présidents du groupe parlementaire de la SFIO. Très vite, Pierre Mendès France a demandé son adhésion à ce petit parti, et en même temps que nous célébrions son arrivée, nous organisions notre fusion avec quelques autres petits groupes, l'un, Tribune du communisme, venant du communisme, et un autre, l'Union de la gauche socialiste, déjà lui-même issu du rassemblement de plusieurs groupuscules, composé de certains trotskistes et de nombreux membres de l'Action catholique ouvrière, la MLP (Mouvement de Libéation du Peuple) qui avait fusionné avec l'UGS (Union de la gauche socialiste) mais qui avait aussi rallié les anciens clubs de lecteurs du journal *L'Observateur*. C'est le mélange de tout cela qui a formé le Parti socialiste unifié. Tout le monde se souvient du PSU mais on a oublié que lorsque Jean Jaurès, en 1905, a enfin réussi à réconcilier les trois chefs de la gauche, Jules Guesde, Allemane, et lui-même pour créer ce qui allait devenir la SFIO, le premier nom choisi fut celui de Parti socialiste unifié, auquel on adjoint le sous-titre de « section française de l'internationale ouvrière ». Celui-ci est passé à la postérité en raison des divergences culturelles nombreuses, théoriques et idéologiques, les uns étant plus anarchistes, les autres plus autoritaires et jacobins. Dans ce climat de désaccord idéologique, la référence internationale devenait la grande affaire et c'est comme cela que les initiales SFIO ont émergé sur la scène politique française.

— *A cette époque-là, c'est-à dire jusqu'en 1967, qu'est-ce qui vous a permis de demeurer à l'écart des discussions oiseuses et des luttes intestines ?*

— Beaucoup de choses. La première était que mon métier – je suis devenu un économiste professionnel – m'apprenait sur le monde des choses qui étaient à cent lieues du niveau économique moyen des militants de ce parti pour la simple raison que la France a été le dernier pays d'Europe à introduire l'économie dans l'enseignement secondaire, ce que l'on paye toujours largement. Aujourd'hui encore, parmi les générations aux postes à responsabilité, vous ne trouverez pas un général, pas un juge, peu de journalistes, d'administrateurs ni même de chefs d'entreprises, qui aient reçu dans leur jeunesse un enseignement d'économie. A l'époque seule la CGT apprenait l'économie aux Français car elle seule était assez importante en nombre pour être répartie sur tout le territoire. Or, la CGT parlait de salaires, de conventions collectives, même si c'était sous une forme idéologique, fort éloignée de la réalité : « Les patrons peuvent payer, l'Etat peut payer. » J'étais personnellement navré de cette situation, mais très vite mes camarades se sont aperçus qu'ils avaient besoin de moi, et je suis devenu au PSU le responsable des stages de formation, des écoles d'été. Il m'est ainsi passé dans les mains, cinq cents, huit cents, mille futurs cadres du PSU dont beaucoup sont d'actuels responsables du Parti socialiste comme Michel de la Fournière, ancien ambassadeur de François Mitterrand en Haïti, François Borella, Claude Evin ou Alain Richard, actuel ministre de la Défense.

Mon métier d'économiste m'a donc non seulement conduit à réfléchir, mais m'a permis de travailler à donner à la gauche une infrastructure de pensée économique plus adaptée à son temps. Je devais par la suite rencontrer sur cette route un complice en la personne de Jacques Delors, même si sa trajectoire a été différente de la mienne puisqu'il n'a pas été, à ma connaissance, membre du PSU. Le PSU, au fond, pendant cette période, a eu pour principale fonction d'être une école de formation de cadres. Mai 1968, en fournissant malheureusement aux gauchistes l'occasion de reprendre le parti en main, a entraîné le PSU vers le naufrage. Nous étions nés comme un laboratoire d'études au service d'une gauche potentiellement unie plus que comme une force politique institutionnellement active puisque nous n'avions à l'époque qu'un seul député, François Tanguy-Prigent. C'est au cours des années 1964-1965 que le PSU, face au projet de cinquième plan du gouvernement du général de Gaulle, a élaboré et publié des contre-propositions qui ont fait dire au ministre de l'Economie de l'époque qu'un seul parti politique avait fait son travail, le PSU, en produisant son « contre-plan ».

III.

Mai 1968

— *En 1959, donc, vous êtes au PSA quand un certain Mitterrand demande à adhérer. Il vous en voudra beaucoup, tant du refus qui lui fut opposé, que de votre combat contre sa candidature à l'élection présidentielle…*

— Il se passe cinq ans entre les deux épisodes. Pour le premier, les deux versions que l'on rapporte de l'événement sont également fausses. Le PSA s'est constitué alors que j'étais encore en Algérie. A mon retour je n'appartenais donc à aucun de ses organes dirigeants, j'étais simplement secrétaire d'une section de base. Au moment où le PSA a fusionné avec les autres organisations pour donner naissance au PSU, on a réuni les organismes de direction sans les modifier. Pour ma part j'étais resté militant de base. Là-dessus, la demande d'adhésion de François Mitterrand est arrivée au bureau national du PSA, probablement peu après celle de Pierre Mendès France, en février ou mars 1959. Le bureau national du PSU délibère et décide de refuser l'adhésion, arguant principalement de sa conduite pendant la guerre d'Algérie mais aussi de son attitude, lorsque ministre de la France d'outre-mer, il avait convaincu Houphouët Boigny de manière assez musclée et sous la menace de la force, de renoncer à l'orientation indépendantiste du rassemblement démocratique africain. C'est ainsi que l'histoire s'est passée. Je n'y suis pour rien. J'ai appris tout cela dans la presse. Simplement, comme je suis devenu par la suite l'un des héritiers les plus voyants de cette tradition, et donc de la décision du refus d'adhésion, François Mitterrand m'en a beaucoup voulu, plus qu'aux véritables responsables, dont Georges Suffert et Jean Poperen ou Alain Savary, qu'on a chargé ensuite d'aller expliquer à Mitterrand les raisons pour lesquelles on ne voulait pas de lui. Je n'aurais d'ailleurs pas désavoué cette décision, ma relation distante – mais très négative – avec François Mitterrand, ayant son origine dans la guerre d'Algérie.

L'épisode de 1964 est tout autre. François Mitterrand est alors sur le point d'être investi comme candidat de l'Union de la gauche à la présidence de la République. L'initiative en revient à Guy Mollet qui le fait introniser par la SFIO. Les communistes se rallient à cette investiture, ce qui crée en faveur de François Mitterrand une situation assez unique. Cela se situe cinq ans après l'adhésion refusée au PSU, ce qui nous place dans une situation bien particulière. Nous voici à la limite de présenter quelqu'un, comme cela fut le cas en 1959, la candidature du doyen Albert Châtelet contre le général de Gaulle, et d'opposer ainsi un autre candidat de gauche à François Mitterrand. Nous avons longtemps tenté de pousser Pierre Mendès France à se présenter, mais il a refusé, arguant du fait qu'il ne voulait pas entendre parler de cette Constitution, et considérait que l'élection du président de la République au suffrage universel était lourde de dangers populistes, de sautes d'humeur du corps électoral, disons, de dérives diverses. Il ne pouvait de ce fait être lui-même candidat à une fonction dont il contestait non seulement les formes d'exercice, mais jusqu'à la définition même. La voie était donc ouverte pour François Mitterrand et il me fallait dès lors empêcher le PSU de prendre une décision suicidaire, à savoir présenter son propre candidat qui recueillerait au plus 5 à 6 % des voix. Décision suicidaire pour son image dans l'opinion mais surtout en raison des discussions internes et des haines qu'elle risquait d'entretenir dans le camp de la gauche. Je me suis trouvé isolé dans un comité politique national où même mes propres amis étaient opposés au soutien à la candidature de Mitterrand. Pour éviter une rupture, j'ai alors proposé un amendement, l'« amendement Servet », lequel précisait que nous allions voter en faveur de la candidature de François Mitterrand tout en menant une campagne autonome parallèle. L'amendement expliquait les raisons de notre soutien au nom de l'espoir d'une victoire de gauche tout en exprimant néanmoins les réserves liées, non seulement au passé de François Mitterrand, mais à certaines de ses orientations.

Nos préventions tenaient moins à l'idée d'une alliance avec le communisme, sur laquelle nous étions d'accord, qu'à l'excès d'étatisme, l'irréalisme du programme économique et à la politique coloniale ainsi qu'à la politique des Droits de l'homme qu'il avait mise en œuvre pendant le conflit algérien. C'était lui qui avait transféré les pouvoirs civils aux militaires, y compris en matière de justice, pendant la guerre d'Algérie. Certaines phrases comme « en Algérie, la seule négociation, c'est la guerre » avaient laissé quelques souvenirs… Nous entretenions de bonnes relations avec le FLN algérien, et nous étions alors son seul parti frère. L'idée pour le FLN algérien de se retrouver avec un candidat de la gauche, et un éventuel président de la République, nommé François Mitterrand était un objet d'horreur.

Mon amendement a permis de convaincre les moins sectaires, des gens qui ne voulaient entendre parler de lui à aucun prix, et cet amendement a fait passer sa candidature. François Mitterrand en a fait la lecture inverse. Il en est resté offensé, et je n'ai jamais réussi à le convaincre du contraire. C'était pourtant lui-même un très bon stratège. Je crois que cela l'arrangeait de faire semblant de ne pas avoir compris. De fait, sans mon amendement, le PSU aurait présenté un candidat contre lui, ce qui aurait conféré une tout autre allure à sa candidature, moins unitaire, et aurait ouvert des plaies qu'il aurait été difficile d'ignorer par la suite. Je pense que cela aurait changé l'Histoire. Heureusement, cela n'a pas eu lieu, et ce, grâce à mon intervention.

— *A cette époque-là, vous avez eu des conversations directes avec François Mitterrand.*

— Autant qu'il m'en souvienne, non. Mes premières conversations avec François Mitterrand datent des années qui suivent, lorsque nous préparions le congrès du PSU de 1967, sur la lancée de 1964, en écho à sa campagne. Celle-ci ne lui a pas apporté la victoire, mais la gauche s'est en quelque sorte réveillée. Beaucoup de ceux qui ne se reconnaissaient pas en Guy Mollet avaient pris plaisir à cette campagne au cours de laquelle François Mitterrand dénonçait le colonialisme, tout en oubliant les responsabilités qu'il avait exercées auparavant. Il avait du panache et avait apporté de l'espoir. Sur cette lancée, toutes les formations de la gauche non communiste, à l'exception du PSU, s'étaient attelées à la création de la Fédération de la gauche démocratique et socialiste. Elle est née en 1965, ralliant les radicaux, l'union des forces démocratiques, c'est-à-dire un rassemblement de clubs civiques, la SFIO et la convention des institutions républicaines. Le PSU est donc tout à la préparation de son congrès de 1967, et certains de nos dirigeants, le principal étant Gilles Martinet, proposent au PSU de rejoindre la Fédération de la gauche démocratique et socialiste. J'ai fait partie de ceux qui ont refusé à ce moment-là.

Ma raison principale tenait au fait que les statuts de la Fédération de la gauche démocratique et socialiste n'avaient rien de démocratiques et que cet organisme était de pure forme ; la réalité du pouvoir restait dans les appareils fondateurs. La SFIO, encore très traditionnelle et archaïque, bien qu'en profond déclin, possédait l'ensemble des leviers de commande, les autres étant largement minorisés. Nous savions que si le PSU entrait dans la Fédération de la gauche démocratique et socialiste, nous serions marginalisés dans une petite structure interne mais totalement périphérique, sans aucune influence sur les décisions. La vigueur de notre opposition à la société de consommation, l'exigence d'un socialisme qui se définisse au moins autant qualitativement que quantitativement, la prise en compte de la revendication féminine, qui émergeait alors, tout cela serait annulé par notre présence dans la FGDS. Je pensais que le PSU n'y résisterait pas. Je songeais également au patrimoine considérable de nos jeunes cadres, hommes et femmes encore en formation. Un nom me vient à l'esprit, Huguette Bouchardeau : c'était une bonne militante PSU de l'époque, une rude militante. A cela s'ajoutait une dernière chose à laquelle nous étions très attachés. Le PSU s'était rallié un nombre considérable de militants et de petites structures issus de la gauche chrétienne, de la gauche catholique organisée, comme le mouvement de libération du peuple, dérivé, par-delà deux ou trois scissions et changements d'étiquette, de l'Action catholique ouvrière. La réconciliation de la gauche, par-dessus un certain sectarisme laïque – il faut tout de même appeler les choses par leur nom – c'est-à-dire une idée de progrès social avec le monde catholique, se réalisait au sein du PSU. Ce qui m'apparaissait comme très précieux pour l'avenir du pays risquait de disparaître si nous intégrions dans ce bataillon d'organisations que constituait la

FGDS et qui n'avaient en commun qu'un discours sectaire sur la laïcité. Parmi toutes les ambiguïtés sur lesquelles reposait la FGDS, le seul choix clair était celui-là, et il s'avérait destructeur d'un mouvement de réconciliation désormais accompli, accompli probablement parce qu'au PSU, nous avons tenu le coup à ce moment-là. Mai 1968 viendra changer la donne.

Je restais convaincu que les forces laïques auxquelles j'appartenais, dont je suis issu par mon milieu de naissance – les protestants sont tous laïques et ont été sauvés dans ce pays par la laïcité – devaient chercher la réconciliation. Je suis de culture protestante, mais non croyant. Du point de vue des véritables laïques, il importe peu qu'on soit ou non croyant. La laïcité est une manière d'être avec l'autre, un respect de sa langue, de sa couleur de peau, de sa religion, de sa façon de penser et c'est à l'Etat qu'incombe l'organisation des hôpitaux, des écoles, de l'université, de l'état civil, etc., de manière à assurer ce respect. L'édit de Nantes est le premier document de langue française qui assure un égal accès pour le recrutement militaire, l'école, l'université, et dans les hôpitaux, y compris pour les protestants. Quant à ceux qui menaçaient de poursuivre ce combat jusqu'à faire disparaître tout enseignement catholique, jusqu'à refuser de confier des fonctions, des responsabilités, de conclure une alliance avec quelqu'un suspect d'aller à la messe, je trouvais cet appauvrissement et cet affaiblissement dramatiquement stupides, dans un pays à majorité catholique. Il est évident que pour faire triompher de grandes causes, ne serait-ce que la décolonisation – pour prendre la première d'entre elles – l'appui plein et entier de forces catholiques organisées était nécessaire auprès de l'opinion publique. De même pour cet enjeu considérable qu'était la construction de l'Europe, à laquelle s'opposaient – s'opposent toujours – beaucoup de gaullistes et les communistes. Le ralliement d'une opinion catholique à une vision de progrès social me paraissait une des clés de l'avenir. D'où ma volonté de défendre l'organisation laïque de la société. Cela constitue même, en Europe, la meilleure façon de traiter des minorités, non pas reconnaître des droits aux minorités, mais accorder la totalité des droits citoyens à toute personne, quelles que soient son origine, sa langue ou sa religion. Si la République avait tiré parti de sa grande époque coloniale, qui fut aussi une période d'éducation et d'enseignement, pour inculquer la laïcité à toutes les élites algériennes, nous aurions sans doute évité à ce pays bien des massacres. De même, imaginez ce qui se serait passé si la laïcité avait été un principe reconnu et accepté en Serbie et en Bosnie…

— *On revient en 1967. A cette époque-là, discerniez-vous les prémisses de Mai 1968?*

— La réponse franche et loyale est non. Personne n'a senti venir une explosion pareille. Il existe néanmoins un texte dont le vocabulaire ferait sans doute frémir, qui est une adresse du bureau national du PSU à ses étudiants –, il y avait des étudiants socialistes unifiés – datant de mars 1968. Ce texte dit, en substance : « Vous vivez ou vous travaillez sur les lieux de reproduction du savoir, sur les lieux de conquête de savoir. Ce doit être des lieux de démocratie. Vous animez le combat pour refonder ce savoir et interrogez ce qu'on vous transmet au nom d'une volonté de progrès. Le bureau national est heureux de saluer cette lutte, de vous encourager à lui donner le contenu intellectuel progressiste le plus actif. »

Le bureau national du PSU saluait ainsi les combats qui s'annonçaient à Nanterre et remettaient en cause à la fois les contenus du savoir et ses modes de transmission.

Sur le plan ouvrier, nous avons organisé en février ou mars 1968, c'est-à-dire avant que tout n'explose, un conseil national consacré aux nouvelles formes du mouvement social, pour lequel un rapport, auquel ma femme Michèle avait beaucoup travaillé, faisait l'inventaire des nouvelles formes de grèves. Il y avait eu la grève des usines Berliet, quelques mouvements également chez Renault, une grève des travailleurs du textile lyonnais, un mouvement chez Rhône-Poulenc. Ces grèves que nous observions avaient des caractéristiques communes tout à fait étranges et parfaitement nouvelles. Elles n'étaient pas déclenchées par les directions syndicales, leur objectif premier n'était jamais le salaire mais les conditions de travail et le respect du droit des travailleurs, l'affirmation de leur volonté de participer à l'organisation des tâches, des demandes qualitatives liées à l'environnement du travail, au droit d'expression, etc. Des grèves conduites en dehors de la direction syndicale, animées le plus souvent par de jeunes salariés parfois non syndiqués, et qui prenaient des formes nouvelles, y compris les occupations de bureaux, peu connues dans le mouvement ouvrier de l'époque. Nous en avions repéré une quinzaine qui passaient au spectre tout l'univers social. La conclusion de ce travail était qu'il se passait quelque chose. Personne ne s'est intéressé à un rapport produit par une organisation qui pesait 3 % du suffrage universel, mais c'est l'une des grandes caractéristiques du PSU de s'être toujours plus préoccupé des transformations socioculturelles de la France que de la carte électorale. L'explosion de la grève ne nous a pas surpris.

— *De leur côté, ces mouvements émergeants, balbutiants, classaient le PSU aux côtés des vieilles formations politiques dont ils ne voulaient plus.*

— Non... ce n'est pas exact. Les étudiants du PSU étaient à la tête de ces mouvements comme par exemple à Nanterre. Daniel Cohn-Bendit, sans être membre du PSU, n'en était pas très éloigné et l'équipe de copains qui a conduit les événements de Nanterre comprenait pour moitié des gens du PSU, de même que l'UNEF, alors tenue par des étudiants socialistes unifiés, dont Jacques Sauvageot, son vice-président. Le mouvement de Mai s'est déclenché sur une maladresse du recteur Roche appelant la police pour vider la Sorbonne de l'occupation étudiante. Or, il existe des privilèges universitaires au nombre desquels l'inviolabilité des enceintes estudiantines. En dehors de la période de l'Occupation, on n'avait jamais vu la police pénétrer dans la

Sorbonne depuis sa création, cela doit faire cinq ou six siècles. Il s'est passé à peu près la même chose en Suède, presque au même moment. J'ai encore le souvenir de cette histoire. Nous sommes en 1968, un peu plus tard dans l'année, en juin ou septembre. A l'imitation du Mai 1968 français, les étudiants suédois occupent un bâtiment universitaire. Le ministre de l'Education nationale pénètre tout seul dans le bâtiment et reste de nombreuses heures à discuter. De fait, à la suite de cet événement la transformation du système de l'éducation suédois a été plus profonde que celle du système éducatif français. La loi Edgar Faure sur les universités, qui suit les événements de Mai, portait sur l'organisation du pouvoir, la création d'une représentation des professeurs, des assistants, et des étudiants. Elle ne concernait en aucune façon le contenu et la diffusion des savoirs.

La grande transformation de Mai 1968 vient de l'entrée de la classe ouvrière dans le conflit. La France entière va se trouver paralysée, à l'exception des secteurs de l'électricité et de la presse. Le reste de l'activité est arrêté. Lorsqu'on réfléchit cependant à la violence des événements, Mai 1968 apparaît paradoxalement comme une période d'un calme extraordinaire : trois décès par accident, un commissaire de police mort écrasé par un camion dont les freins ont été desserrés par les manifestants à Lyon, et deux tués par balles perdues et grenades lacrymogènes. Mai 1968 a été relativement peu violent. Quant aux voitures brûlées, j'aurais toujours le souvenir d'une confidence faite par un employé des brigades spéciales de la police parisienne, qui lors d'un méchoui, trois ans après les faits, racontait à ses collègues : « Vous êtes tous paysans, moi, je fais un autre métier bien plus sympa, je suis membre des brigades spéciales de police, de la préfecture de police de Paris, et vous savez, on rigole dans la vie, par exemple je suis sûr qu'on a brûlé beaucoup plus de voitures que les manifestants! » J'ai publié cette phrase que personne n'a jamais démentie et je suis convaincu de sa véracité.

L'entrée en scène des ouvriers dans le conflit à partir de la mi-mai est importante pour rectifier l'image que l'on a habituellement d'une coupure entre les mouvements de jeunesse et les partis politiques, notamment le PSU. Les militants PSU syndiqués CFDT ont largement participé à la grève ouvrière et contribué à préserver l'outil de travail comme à l'usine d'aluminium de Saint-Jean-de-Maurienne. Il y a un certain nombre de cas exemplaires. A la suite de cela, le PSU a présenté 215 candidats aux élections législatives qui ont suivi après la dissolution décidée par de Gaulle, à la demande de Georges Pompidou. Ces 215 candidats, qui ont porté la parole du mouvement de Mai, appartenaient tous au PSU.

L'impression de spontanéité, voire de désordre, qu'a pu donner Mai 68 vient du fait qu'il n'y a pas vraiment eu de revendications, mais plutôt des mots d'ordre. Nous parlions de pouvoir ouvrier, de démocratie ouvrière. Mai 1968 était torrentiel. C'était un mouvement attrape-tout au sein duquel les groupes d'inspiration trotskiste et maoïste, qui avaient une tout autre vision de la transformation sociale, connurent une croissance ultra-rapide. Eux songeaient probablement à une transformation violente de la société, ce dont la majorité des étudiants et surtout des ouvriers ne voulaient pas. En tant que secrétaire national du PSU, c'est-à-dire secrétaire national de la plus grosse organisation engagée dans le mouvement, j'ai été le principal organisateur de l'ensemble des défilés de Mai 1968, et jamais un défilé ne s'est attaqué à un bâtiment public, ni à l'Assemblée nationale, ni à la Bourse et ce en dépit, en ce qui concernait cette dernière, d'un certain nombre de provocations policières irresponsables. Si Mai 1968 a fait au total aussi peu de dégâts, c'est dû non seulement à notre contrôle (notamment le mien), mais aussi à l'attitude responsable d'Alain Krivine ainsi qu'à la formidable autorité, au savoir-faire et à la subtilité du préfet de police de l'époque, Maurice Grimaud. Ce fut important pour que la France se remette de tout cela sans drame.

— *Où placeriez-vous Daniel Cohn-Bendit?*

— Daniel Cohn-Bendit était d'une lucidité extraordinaire. C'était un non-violent. Son discours était celui d'un anarchiste, largement excessif, mais toujours positif, évoquant la possibilité de changer les relations humaines, qu'il s'agisse des rapports entre les hommes et les femmes, des rapports hiérarchiques, du fonctionnement des universités, des entreprises, des savoirs. Son esprit critique sur les bévues du pouvoir et les archaïsmes de notre société faisait plaisir à voir. Il est resté l'un de mes amis. Nous siégeons ensemble au Parlement européen, où nous sommes toujours complices. Il n'avait rien d'un violent. Daniel était un électron libre qui, avant que les Verts existent, n'a jamais fait partie d'une quelconque organisation, sinon des comités temporaires. Nous avons beaucoup discuté avec lui, d'étape en étape, de l'organisation des manifestations, et il n'aimait pas plus que nous les provocateurs anarchistes qui cassaient des vitrines sur les queues de nos défilés.

— *Dans le récit que vous faites du meeting de Charléty, on sent une sérieuse crainte que cela ne dégénère.*

— Et comment! Il faut se remettre dans le climat de l'époque. Nous sommes en pleine grève générale. Un décret du gouvernement interdit les rassemblements de plus de trois personnes dans la rue. Trois jours après, cinq ministres ont démissionné, dont celui de l'Intérieur. Or, nous sommes quatre-vingt mille à manifester presque chaque jour. Ce mouvement était stupéfiant. Tout le monde s'imaginait que c'était poético-ludique et que les étudiants finiraient par se calmer. Le mouvement a été relancé au moins quatre fois. La première fois par la bévue du recteur Roche à la Sorbonne, qui a multiplié le mouvement par trois ou quatre. Puis vient la grande nuit du Panthéon – le 10 ou le 11 mai – où, face à un début de concentration étudiante, la police charge. Le niveau de répression ravive la colère et le mouvement rebondit, nouveau départ marqué, vers le 12 ou le 13 mai, par une grande manifestation de soutien à la lutte étudiante, organisée par l'ensemble des organisations syndicales, à la demande de l'UNEF. Des partis politiques, seul le PSU est invité, mais la CGT, la CFDT, Force ouvrière défilent aux côtés de l'UNEF et de la Fédération de l'Education nationale, ce qui est extraordinaire. J'ai fait tout le défilé, de Bastille à Denfert-Rochereau, bras dessus, bras dessous avec Jacques Duclos, à l'époque numéro deux du Parti communiste français. Ce fut la première et la dernière fois d'ailleurs. C'était assez pittoresque. Je nous revois un moment en tête du défilé, moi au milieu, Cohn-Bendit d'un côté et Duclos de l'autre. Tout l'état-major du PSU était là, nous n'étions pas récusables, puisque nous faisions parti du mouvement. Je me souviens encore : nous venions de traverser la Seine et nous remontions la rue Saint-Jacques. J'aperçois François Mitterrand et l'état-major de la FGDS qui nous regardaient passer depuis un trottoir : un spectacle assez extraordinaire, eux étaient en effet marginalisés pendant cette période-là.

Lors de la manifestation de Charléty, les choses étaient différentes, le mouvement avait déjà commencé à s'essouffler. Nous avions le sentiment de vivre une très belle cérémonie, mais un enterrement. La grève ouvrière a commencé le 14 mai à Bouguenais Sud-Aviation, près de Nantes et à Renault Cléon, en Seine-Maritime, déclenchée par des militants de Force ouvrière. La grève s'est très vite diffusée, et ce sont des militants CFDT qui en ont compris le mieux l'esprit – occupation d'usine, création du dialogue, respect de l'outil de travail et même maintien de l'outil de travail en fonctionnement – qui a caractérisé ce mouvement. Le plus bel exemple en est la grande expérience de Saint-Jean-de-Maurienne. La quatrième relance du mouvement naît du refus des accords de Grenelle par les ouvriers de la régie Renault. On est à la fin du mouvement, le 29 ou 30 mai, un lundi matin. Grenelle s'est négocié dans la nuit. Georges Séguy présente une stupéfiante négociation aboutissant à une augmentation de 12 % du SMIC d'un seul coup. C'était complètement déraisonnable, mais tel n'était pas le problème : aucun des mouvements, aucune des structures, aucun des comités de grève de Mai 1968 n'avait jamais évoqué les salaires. Ils parlaient tous de la dignité des hommes, du droit à la parole. S'il y a un mot clé en Mai 1968 c'est bien le droit à la parole. Devant le silence fait par les accords sur la représentation ouvrière au sein des entreprises, le changement d'organisation du pouvoir à l'université, les travailleurs de Renault ont eu le sentiment qu'on essayait de les acheter en résumant le mouvement à une simple revendication salariale. Du coup, ils sont repartis pour trois semaines de grève, bien que le mouvement ait été pratiquement fini. C'est cela l'histoire de Mai 1968 ; elle est tout à fait extraordinaire. Il est vrai que quelques têtes froides, dont j'étais, se disaient : « Mon dieu, pourvu que cela ne finisse pas dans la violence ! » C'est ici qu'intervient l'épisode de Charléty.

Nous sommes le vendredi 24 mai 1968. L'après-midi, une immense manifestation s'est déroulée de la gare de Lyon à la Bastille, regroupant soixante-dix à quatre-vingts mille participants – la police sous-estime toujours les chiffres. Nous, nous parlions de trois cent mille. C'était considérable, un défilé de cinq ou six heures, au cours duquel nous avions écouté, assis par terre, avec les premiers transistors qui existaient, le général de Gaulle proposer un référendum. Il avait dit n'importe quoi, c'est le premier discours raté du Général. Tout le monde s'est ensuite mis à chanter. J'avais moi-même conduit la négociation avec la préfecture de police concernant l'itinéraire, qui consistait à disperser le défilé sur la place de la Bastille. Contrairement à la parole donnée, la police a barré frontalement le boulevard Richard-Lenoir. J'étais sur le qui-vive car, outre le PSU qui formait le gros du service d'ordre, y participaient également une quinzaine d'organisations ou de groupuscules, de fractions maoïstes, quatre ou cinq fractions trotskistes, des équipes syndicales. Tout ce que nous avions en service d'ordre se trouvait en queue de manifestation de manière à éviter les casseurs et les anarchistes. J'observe que toutes les petites rues latérales sont bouchées au moment où nous arrivons face au barrage frontal. On fait alors asseoir tout notre monde. Les syndicalistes des grandes fédérations disparaissent soudainement. Disparu Décamps, secrétaire général de la CFDT, évanouis Duclos et Séguy. Je reste seul en compagnie de Krivine, Sauvageot et Cohn-Bendit. Je demande alors à parlementer avec un représentant de la police – nous étions à 50 mètres des CRS. Viennent me retrouver à ma demande un homme portant l'uniforme de la police avec les galons de colonel, et un civil membre du cabinet, mais je n'ai jamais pu savoir s'il s'agissait du cabinet du préfet de police ou celui du ministre, la suite me laisse penser que c'est plutôt celui du ministre. Je leur rappelle les accords passés depuis quinze jours concernant la dislocation. « Oui, monsieur, mais les ordres ont changé », me disent-ils. « Comment les ordres ont changé, après une négociation, vous violez votre parole ? » dis-je. « Monsieur, les ordres ont changé, il faut vous retourner », à quoi je réponds : « Cinq heures de défilés, les derniers sont peut-être encore gare de Lyon, je n'ai pas mon service d'ordre, il est en queue, je n'ai même pas de porte-voix, et en plus, je n'ai pas l'autorité politique. » Le PSU était supposé être droitier. Nous étions les plus gros en nombre, mais nous étions contestés. Les trotskistes et les maoïstes, s'ils n'avaient pas la majorité, tentaient constamment de nous déborder. Je leur dis : « C'est physiquement impossible, vous n'y pensez pas. On peut rester assis par terre en attendant que vous ayez renégocié de nouveaux ordres. » Les deux hommes me disent, qu'en effet, ils comprennent que cela est impossible. Je retourne au milieu des garçons et des filles, et c'est à ce moment-là que nous écoutons le discours du général de Gaulle. Ça chantonne, c'est très gai, tout le monde est assis par terre, aucune violence. J'envoie chercher le service d'ordre – il fallait un bon quart d'heure à pied d'un bout à l'autre sinon davantage – et je fais venir les cinquante gaillards casqués. C'était la FNAC, entreprise fondée par d'anciens dirigeants trotskistes, qui nous avait prêté à l'époque des casques de moto. Au bout d'une demi-heure, je fais reprendre contact, personne ne répond. Au bout d'une heure je fais reprendre à nouveau contact, personne ne répond, et nous restons là.

Au bout d'une heure et demie, la police charge, durement. Nous avons eu cinquante blessés à l'hôpital, ceux du service d'ordre. Tout le monde s'est enfui en s'engouffrant dans les bouches de métro : ça a été la cavalcade… C'est un miracle qu'on n'ait pas eu plus de blessés que cela. J'arrive à mon bureau au siège du PSU, vers huit heures et demie, et j'entends sur Europe 1, que d'aucuns ont qualifié à l'époque de « radio émeute », la voix de Sauvageot, qui dénonce le scandale, cette police brutale qui ne respecte même pas ses accords, et annonce une contre-manifestation de dénonciation, tous ensemble, demain 15 heures, devant l'UNEF.

Mon sang ne fait qu'un tour, j'appelle Sauvageot, et je lui dis : « Mais tu es complètement fou, tu tiens absolument à ce qu'il y ait des morts, il n'y a plus de service d'ordre, l'essentiel est à l'hôpital, et nous n'avons plus les moyens d'encadrer une manifestation de cette importance. Ça va être une anarchie complète. Je refuse totalement. » Le ton monte vite, nos rapports étaient assez mauvais. Il était manipulé à l'intérieur du PSU, notamment par un de mes amis, Marc Heurgon, passé à la gauche violente, et il me trouvait trop sur la réserve puisque, évidemment, je me battais comme un chien contre tout débordement. J'obtiens quand même une réunion du bureau national du PSU dans la nuit pour décider de l'action à mener. Cette réunion a lieu et je gagne – par une voix – lors d'un débat terrible…

Nous étions quinze dont Serge Mallet, le sociologue, Emmanuel Terray et d'autres. J'avais de mon côté des hommes responsables comme Robert Chapuis ou Hubert Prévot. Nous prenons la décision d'annuler la manifestation spontanée, sans ordre et de rue, demandée pour le samedi, de reconstituer à toute allure un service d'ordre qu'on allait entraîner avec quelques manœuvres dans les fossés de Vincennes, le dimanche, et de chercher un lieu clos, pour organiser une manifestation de prise de parole. J'arrache la décision d'un lieu clos de manière à limiter les risques de débordement. Le lendemain matin, je cherche à tout prix à trouver un endroit. Après une douzaine de tentatives, le stade Charléty accepte, et le PSU paye la prime d'assurance conséquente. Je n'avais qu'une seule idée : faire donner la parole non seulement aux dirigeants syndicaux des grandes confédérations, parce que, à ce moment-là, nous sommes en pleine grève générale, mais aussi à Pierre Mendès France dont tout le monde, même les gens de droite, reconnaissait qu'il était le seul capable de nous sortir de là. Il était le seul homme politique respecté. Pierre Mendès France incarnait alors le refus de la guerre d'Algérie, le combat contre les lobbies, le traitement exceptionnel de la négociation de la guerre d'Indochine. Une autre vision de l'honneur en politique.

Nous décidons de tenir un bureau national du PSU dans la nuit du dimanche. J'avais convié Gilles Martinet, qui en 1967 avait tenté de nous convaincre de rallier la FGDS, mais était demeuré membre du PSU, Sauvageot qui n'était pas membre du bureau national, mais portait la responsabilité étudiante, un camarade de la CGT, Barjonet, lequel avait démissionné avec fracas pour protester contre la conduite de ce syndicat qu'il trouvait scandaleuse, deux camarades de la CFDT, Edmond Maire et Marcel Gonin, un camarade de Force ouvrière, enfin Robert Cottave et Pierre Mendès France.

Je fais un rapport préliminaire pour expliquer en substance que l'heure est à l'incertitude. Le mouvement ouvrier n'est pas du tout en train de fléchir. La question du jour était de savoir si on étendait la grève à l'électricité. Le pouvoir était vacant, on savait que cinq ministres au moins se considéraient comme démissionnaires et il n'y avait plus de tête au commandement. Je ne me rappelle plus si on était déjà au courant du départ de de Gaulle pour Baden-Baden. Je m'adresse ensuite à Pierre Mendès France en ces termes : « Président, on a réussi à reconvertir une manifestation de rue en un rassemblement en lieu clos, pour répondre à la provocation policière. Mais en lieu clos, on se parle, après les messages de syndicalistes, étudiants, ouvriers en grève, c'est à vous de prendre la parole. » Et Mendès France me fait cette superbe réponse : « Non, je ne le sens pas. Je serai à Charléty parce que je veux être avec les jeunes, mais je ne me sens pas porté à prendre la parole. » « Si vous venez sans prendre la parole, vous serez alors le témoin d'une ère politique révolue et non pas le porteur d'une autre, et je ne peux plus garantir votre sécurité, au moins ne venez pas, mais je vous en supplie, il faut venir et parler. » Le tour de table commence. Sauvageot se livre à une longue diatribe dans laquelle il accuse Pierre Mendès France d'être un des hommes politiques les plus représentatifs de cette IVe République, que nous avons tous vomie. Il termine en affirmant que le mouvement continuera jusqu'à ce que toutes les usines soient occupées. Nous étions dans la folie la plus pure. Juste après lui Edmond Maire prend la parole, pour évoquer les accords de Grenelle en cours de négociation et annoncer la fin du mouvement. Nous savions tous qu'il avait raison. Toujours est-il que nous organisons la manifestation de Charléty, pour servir d'exutoire à une colère légitime.

Charléty fut un festival de témoignages des militants qui avaient conduit le mouvement, laissant clairement découvrir qu'ils n'avaient pas de vision de l'avenir proche, pas de revendications de pouvoir, aucune revendication politique. Personne n'évoqua la possibilité de la mise en place d'un autre gouvernement, Pierre Mendès France ne prit pas la parole. Du coup, aucun politique ne s'exprima, pas même moi, qui étais présent non pas au titre de syndicaliste mais comme politique. Ce jour-là on a enterré le mouvement de Mai 1968, alors que les gaullistes croient qu'ils l'ont enterré le lendemain même, le mardi lors de la grande manifestation des Champs-Elysées, voire le surlendemain. Le mouvement était mort la veille. Mais à Charléty, il n'y a eu aucun incident, pas de violence. J'ai un peu l'impression d'avoir rendu service à mon pays.

J'ai toujours gardé le même respect pour Pierre Mendès France. Je n'ai pas compris ses raisons, je ne les ai pas approuvées, mais elles étaient tout à fait respectables. Dans le dialogue avec Pierre Mendès France, il y a eu quelque chose d'assez savoureux. Il considérait depuis toujours le gaullisme comme illégitime, ce qu'il exprimait par ces mots : « Le gaullisme est né dans la rue, il chutera dans la rue. » Et nous étions très nombreux, moi notamment, à lui objecter la tenue d'élections régulières qui assuraient désormais le gaullisme d'une légitimité populaire et d'une assise institutionnelle importante. Alors évidemment, en plein Mai 1968, je lui disais : « C'est vous qui aviez raison, vous avez toujours dit que le gaullisme né de la rue tomberait dans la rue, on y est, mais à vous de jouer puisque votre pronostic était le bon. » Il a alors refusé, arguant du fait qu'il ne partageait pas l'appel à l'instauration d'un gouvernement ouvrier. La véritable rupture, il l'a choisie au moment de la préparation des élections lorsque la SFIO et le Parti communiste ont entrepris de négocier un pacte d'union de la gauche, c'est-à-dire de discipline républicaine. Pierre Mendès France s'est engagé dans la défense de cet accord, nous poussant à conclure des accords de désistement. Je concevais fort bien que le refus de cette tactique nous condamnait à demeurer marginaux pour des années. Pourtant, dans le contexte des événements que nous venions de vivre, cela nous paraissait rigoureusement impossible. Nous avons donc refusé, et Pierre Mendès France, qui était alors candidat du PSU à Grenoble, m'a adressé sa lettre de démission à l'ouverture de la campagne, même s'il a mené celle-ci sans la rendre publique, dans une vraie discipline de parti. C'est un homme admirable. Il n'a rendu publique sa démission du PSU qu'après avoir été battu. Nous n'avons pas eu un seul député.

Le retour de balancier gaulliste a été brutal, Pompidou avait eu une intuition géniale qu'il a su faire accepter par de Gaulle : il fallait dissoudre l'Assemblée.

IV.

L'élection présidentielle

— *Michel Rocard, en 1969, contrairement à tous les us et coutumes de la vie politique, vous décidez de vous présenter à une élection présidentielle. Pourquoi cette décision ?*

— Mai 1968 n'était pas loin, tout le monde avait dans la tête qu'il s'était passé quelque chose de surprenant auquel la France ne comprenait pas grand-chose. Le message selon lequel tout cela n'était que folie, qu'il fallait oublier, était insuffisant, et le discours des extrémistes trotskistes ou maoïstes, qui prétendaient changer le système économique, n'avait pas non plus de sens. Cette demande d'une France où s'instaure le dialogue, d'une France où les travailleurs auraient un droit d'expression dans leurs entreprises sur leurs conditions de travail, où la section syndicale d'entreprise serait reconnue, où les droits des femmes cesseraient, y compris juridiquement, d'être à ce point inégaux, tout cela méritait d'être repris et expliqué à l'opinion dans son ensemble. Il paraissait impossible pour François Mitterrand de repartir. Il n'avait pas vraiment suivi le mouvement de Mai 1968, et n'était pas bien placé pour en parler. Nous étions revenus en arrière entourés de toute l'ancienne classe politique de la IVe République ressuscitée. Le candidat gaulliste s'appelait Georges Pompidou, et la vraie droite se réfugiait derrière Alain Poher. Il était clair qu'un autre message devait être porté. J'étais secrétaire national du PSU, et c'est à l'unanimité que j'ai été désigné par le petit PSU de l'époque pour rappeler que la France était grosse d'autres espérances. Cela s'est terminé avec 3,66 % des voix. Ce fut une campagne très observée, qui, à ce titre, a été une annonce.

Je n'avais jamais été candidat à rien. Je suis le seul des responsables politiques aujourd'hui à avoir commencé par la présidentielle, si l'on excepte les candidats marginaux.

J'étais secondé par des militants dont certains exerçaient leurs activités professionnelles, qui dans un cabinet de communication, qui dans une grande entreprise où leur responsabilité professionnelle leur avait appris autre chose que le marginalisme bénévole.

Il y eut de grands moments au cours de cette campagne. Tous mes meetings étaient pleins. Je me souviens d'une des lettres les plus émouvantes que j'ai reçues à cette époque. C'était une lettre collective, signée d'une trentaine de postières, d'une ville de la vallée de la Loire, qui m'écrivaient : « Monsieur Rocard, on a vu votre déclaration à la télévision d'hier soir, on aime bien, on est plutôt d'accord, et on en a discuté entre nous, on vous écrit pour vous dire qu'on a décidé de partager nos voix, la moitié votera pour vous et la moitié votera Poher parce que, quand même, il faut bien penser au court terme, comment va être gouvernée la République, on peut pas laisser tout entre les mains des anciens gaullistes. » C'était une manière de me dire que les sympathies que j'avais éveillées valaient plus que le nombre de voix que j'obtiendrai. J'ai fait 3,66 % des voix, ce qui est un score limité. Je suis le seul au fond des marginaux de l'élection présidentielle à être resté dans la vie publique à un niveau de responsabilités significatif. Je ne me faisais plus aucune illusion, lorsqu'en 1974, sur la lancée de sa deuxième campagne électorale, survint l'appel de François Mitterrand au peuple de gauche bien que l'expression n'y figure pas encore. J'avais été largement l'inspirateur de cet appel avec son accord. C'est lui qui l'a formalisé, relu et finalement signé, mais c'est moi qui en avais rédigé le premier brouillon. J'ai saisi le PSU de l'idée qu'il fallait rejoindre le tronçon principal du Parti socialiste de France. Les batailles postcoloniales étaient finies. François Mitterrand avait dénoncé, tardivement, mais indiscutablement, l'aventure coloniale française. Il était surtout porteur d'un projet d'action convergente ou d'union de la gauche avec le Parti communiste, ce qui est le point majeur de sa rencontre avec le PSU, lequel avait toujours prêché l'union.

J'ai toujours pensé que l'espoir que les communistes ont porté dans ce pays était rendu stérile par la vision internationale de cet immense et totalitaire projet stalinien, mais que la réalisation de cet espoir stalinien en France était impossible, en raison de la géographie, de la physique sociale, de l'histoire et du corps électoral lui-même. Ce n'était pas une raison pour abandonner les 20, 21 ou 22 % du corps électoral que représentait le Parti communiste à cette époque. C'est le principal point d'accord que j'ai eu avec François Mitterrand tout au long de la période. Je pensais que l'avenir n'était plus dans une force toute petite, qui s'était autodétruite, après Mai 1968, par la montée du gauchisme que je n'avais pu endiguer. Il fallait par conséquent rentrer dans le grand rameau du socialisme démocratique français, ce que j'ai proposé au PSU. Mais même au sein du PSU, je n'ai pas été totalement victorieux. Nous avons arraché 40 % des voix au congrès final où la décision a été prise, si bien que c'est une partie minoritaire du PSU, même s'il s'agissait probablement de la plus vivante et de la plus responsable que j'ai amenée au PS qui, lui, comptait à l'époque cent mille membres.

— *Vous parlez de la nécessité d'une alliance avec le Parti communiste pour ne pas laisser cet électorat en déshérence, en 1969, c'est-à-dire près de dix ans après que le Parti socialiste allemand ait tenu un congrès historique, où à Bad Godesberg il a achevé une démarxisation, une déstalinisation complète. Mais bien plus tard, vous avez été perçu par beaucoup comme celui qui allait faire franchir au Parti socialiste français l'étape qu'ont franchie les Allemands en 1959. Contradiction ?*

— J'aurais bien voulu, mais je n'en ai jamais eu le pouvoir. Le congrès de Bad Godesberg date de 1959 et nos camarades socialistes allemands, suivaient, eux, l'exemple des Suédois de 1932 ! Tout remonte à la victoire de Lénine en 1919-1920. L'internationale socialiste, dont il était membre a alors refusé de le suivre, affirmant que le socialisme, c'est aussi et d'abord la liberté. L'Internationale n'en change pas pour autant le discours économique sur la propriété collective des moyens de production et d'échange, c'est-à-dire sur la bureaucratisation étatique de toute l'économie. C'est progressivement, un par un et sans consigne collective, que les partis vont modifier leur attitude. Le premier à le faire en 1932 est le Parti socialiste suédois, suivi des allemands en 1959. Le troisième va être le Parti espagnol, mais il faudra attendre 1979. Le Parti socialiste français suivra longtemps après en acceptant l'idée que l'économie de marché a non seulement une réalité mais une efficacité. Ce changement est lié à notre présence au gouvernement et à une rencontre dramatique entre la gestion du gouvernement de François Mitterrand et la balance des paiements de la France. C'est sous la pression de la balance des paiements, ou plutôt d'un déficit vertigineux, qu'on va devenir sérieux. Il faudra deux étapes successives, les congrès de Valence puis de Bourg-en-Bresse, pour que le Parti socialiste se décide enfin à accepter l'existence de l'économie de marché qui, même s'il faut la rendre plus solidaire et moins injuste, est le fondement du développement économique. Il admet que la transformation sociale ne se fait pas au gré des politiques et par décision d'Etat, mais par le compromis social, la négociation d'accords, y compris salariaux mais pas seulement, entre forces sociales.

Le mot de « compromis social » apparaît dans les discours et la résolution du Parti socialiste au congrès de Valence, qui bien qu'il ait laissé une tout autre image, en raison d'une bévue de discours («les têtes à couper»...), a accompli un travail théorique fondamental. Nous sommes tous ses descendants aujourd'hui, même si personne n'en a conscience.

— *Le combat entre les deux cultures, la première gauche, qu'était censé incarner François Mitterrand, et la seconde gauche, qui était la vôtre, vous paraît-il avoir été relaté correctement? Avez-vous l'impression que les vrais enjeux en ont été saisis?*

— J'évoquerai en réponse deux dynasties de noms. La première est celle des hommes qui ont commandé la gauche française, rédigé les motions de congrès, choisi leurs collaborateurs, et nommé les candidats à la députation. Ce sont les noms de Jules Guesde, Paul Faure, Guy Mollet et François Mitterrand. En face, vous avez une lignée de minoritaires qui n'ont jamais été aux postes de commande mais ont influé sur la politique du parti à travers leurs idées et l'écho que celles-ci ont rencontré dans l'opinion. Il s'agit de Jean Jaurès, Léon Blum, Pierre Mendès France, Jacques Delors et moi-même. Or, à chaque époque, et déjà avec Jules Guesde et Jaurès, les plus populaires sont les minoritaires. En dépit de sa diversité, la gauche française rassemblant aussi bien des anarchistes, des trotskistes ou des radicaux, on trouve deux grandes dominantes. L'une est clairement républicaine, jacobine, centralisatrice, croit au commandement politique, considérant qu'on peut changer la société par la loi, les décrets et les appareils d'Etat. Elle a construit la République, établi la laïcité, créé l'école républicaine et libre, c'est-à-dire républicaine et civique. Elle place sa confiance dans un commandement central, profondément convaincue que tout est politique, et se méfie en revanche de l'inlassable mouvement négociateur syndical, qui chez nous est depuis longtemps divisé, donc affaibli.

Selon ce point de vue, l'économie doit être mise au service du politique, ce qui explique que les irruptions du pouvoir – il y en a eu trois ou quatre dans notre histoire récente – s'achèvent toujours par un désastre financier. C'est vrai du Cartel des gauches en 1932, du Front populaire en 1936 mais également des gouvernements de la Libération, voire du gouvernement de Guy Mollet en 1956, dont la politique algérienne se traduisit par une forte inflation, faute pour le gouvernement d'en avoir assuré le financement.

Face à cela, la dynastie des minoritaires, Jaurès, Blum, Mendès France et leurs héritiers actuels Jacques Delors ou moi-même, incarne un point de vue plutôt girondin, décentralisateur, soucieux du mouvement social et du dialogue dans le monde du travail. Prenons un exemple : en 1890, une verrerie du Sud-Ouest fait faillite. La gauche dénonce alors le scandale du capitalisme auquel elle oppose la nécessité de nationaliser. Jaurès propose au contraire d'en faire une coopérative ouvrière, et la verrerie ouvrière d'Albi, je crois, vit toujours. Elle est restée coopérative plus d'un siècle. Pour la financer, Jaurès avait lancé une pétition nationale en faveur de l'économie sociale, signe d'une économie qui n'attendait son avenir et sa capacité de créer des emplois ni d'un capitalisme brutal, ni de la nationalisation et de l'Etat. Il ouvrait la voie à cette gauche du tissu social, soucieuse du partenariat, qui fait plus confiance à la vraie démocratie, à l'expression des citoyens. J'en suis l'héritier. La confrontation de ces deux dynasties est une constante; la rencontre s'accomplit aujourd'hui seulement grâce à Lionel Jospin.

— *Quand vous entrez au PS en 1974, c'est pour y être malheureux pendant un certain temps.*

— On ne choisit pas.

Pour tout homme politique, c'est une situation malheureuse d'être dans l'opposition. Je rentre chez moi, si j'ose dire, en entraînant 2000 militants du PSU en 1974, et François Mitterrand ne gagnera la présidentielle qu'en 1981. Nous traversons donc sept ans d'opposition ce qui est un travail ardu, et l'existence de rivalités d'ambitions est une constante qui n'est pas propre à la SFIO ou au seul PS. Le métier politique se définit comme l'organisation de la pyramide des ambitions et de la conciliation difficile des talents avec les choix du suffrage universel. Nous n'étions pas plus malheureux que la moyenne.

— Est-ce à cette période-là que vous vous êtes dit que les partis n'étaient décidément pas des lieux d'élaboration de la pensée, des lieux de réflexion?

Dans un régime démocratique, il me paraît essentiel de réfléchir sur le fonctionnement de nos grands systèmes nationaux, parmi lesquels on peut classer les partis politiques, même si ceux-ci ont une dimension bien moindre. La Poste a trois cent mille salariés, le PS seulement cent mille membres. Il faut garder à l'esprit ces ordres de grandeur. Le Parti socialiste est au fond trop petit. Par rapport aux responsabilités qu'il assume, il mériterait un engagement populaire plus fort. Le terme de «grands appareils verticaux» que j'ai utilisé à l'époque dans un article désignait l'organisation du secteur public qui était en France très rigide. C'est vrai que j'ai très tôt réalisé, dès l'époque du PSU, que l'absence de chances électorales réelles rendait les gens désintéressés et les combats d'idées sincères. De ce fait, ceux-ci semblaient à la fois emphatiques et fanatiques. En revanche, dans les structures à potentiel électoral significatif, la compétition interne permanente est la règle. C'est aussi vrai au RPR, à l'UDF ou au PC, et cela se vérifie dans le monde entier. La France n'est pas un cas particulier. La démocratie a ses difficultés; on les connaît depuis Démosthène. Lorsque des hommes, qui sont en compétition les uns avec les autres pour le suffrage de leurs semblables, discutent d'idées, leur choix devient stratégique et non pas intellectuel, celui des idées qui vont faire recette. Cela signifie que la réflexion intellectuelle dans une société complexe ne peut avancer que dans des lieux où il n'existe pas d'enjeux de pouvoir. C'est à cela que servent notamment les clubs. Chaque grande phase de la vie publique française a vu fleurir ses clubs, à l'instar des Cordeliers et des Jacobins sous la Révolution française. La phase de reconstruction de la démocratie après le coup d'Etat de mai 1958, qu'il faut bien appeler comme cela, a vu une floraison de clubs, lesquels ont joué un grand rôle dans la production d'idées nouvelles, contribuant à intéresser l'opinion à un débat citoyen. Je me souviens encore d'un livre du club Jean Moulin, *L'Etat citoyen*, qui a beaucoup contribué à ressourcer les valeurs républicaines. Pour ma part, j'ai beaucoup réfléchi dans les lieux de démocratie collectifs, notamment ce club Jean Moulin, mais aussi au sein de l'association pour la démocratie et l'éducation locale et sociale, destinée aux élus municipaux.

— *Quelles sont les idées que vous avez contribué à forger au cours de cette période-là et qui ont vu le jour par la suite, une fois la gauche au pouvoir?*

— Il faut cesser de parler d'un point de vue personnel. L'émergence d'idées de nature à faire évoluer l'ensemble du corps social français est en général largement collective. La principale touche probablement à la décentralisation du pouvoir. Je reste profondément convaincu que la démocratie ne vit que si les gens se sentent engagés et que de plus, les décisions sont d'autant meilleures techniquement qu'elles sont prises plus près de ceux qui vont soit les subir soit les appliquer, soit les deux à la fois car il s'agit souvent des mêmes. Il existe donc une fonctionnalité de la décentralisation, de la déconcentration, de la démocratie locale et de la démocratie sociale. Cette réflexion, commencée au club Jean Moulin et au PSU, s'est traduite par une plaquette anonyme que j'ai rédigée et publiée en 1966 sous le titre de *Décoloniser la province.* Le raisonnement était purement économique. J'avais, en tant qu'inspecteur des Finances, vérifié les services de la dépense de l'Etat, et découvert le prix des délais, du temps que coûtait la centralisation : consulter Paris, obtenir son accord, la correspondance faisait des allers et retours, des mois entiers. Si vous comptabilisiez au taux de l'intérêt le temps qui courait, les prix de tout ce qu'on fabriquait en France, écoles, lycées, stades, piscines, etc. étaient augmentés d'un bon quart. J'ai plaidé pour une véritable décentralisation accompagnée d'une régionalisation en affirmant que le vrai développement supposerait que les décisions soient prises plus près de ceux qui les vivent et les mettent en œuvre. En 1966, la dimension culturelle était pour moi encore inexistante; les Bretons, les Basques et les Corses ne me l'ont apprise qu'après. Parisien et inspecteur des Finances, vivant dans des milieux centralisateurs, je n'ai découvert que tardivement la frustration qu'il y a à voir son identité régionale culturelle, linguistique, religieuse même niée par le pouvoir central.

Je suis un grand lecteur de l'immense géographe français, Jean-François Gravier, lequel avait publié en 1947, dans l'indifférence générale, un livre intitulé *Paris et le désert français.* Il y analysait comment la croissance monopoliste de la Ville de Paris écrasait tout sous elle. En France, la puissance économique de Lille ou de Lyon équivalait seulement à 10 % de celle des villes secondaires étrangères, Liverpool, Glasgow, Manchester, Berlin, Hambourg, Munich, etc. J'avais découvert ce livre à Sciences Po. S'il avait produit une forte impression à sa parution, il ne s'était traduit par aucune espèce de décision. Le premier à prendre conscience de ce problème fut Pierre Mendès France qui créa en 1954 les établissements publics régionaux dans l'indifférence nationale puisqu'il n'y avait pas de scrutin. Pour ma part, j'étais attentif à ces mesures en raison de mes fonctions de missionnaire provincial à l'inspection des Finances. Les réactions à ma brochure *Décoloniser la France* en 1966 furent violentes. Roger Priouret, éditorialiste à *L'Express*, à l'époque où celui-ci n'avait pas encore accompli sa mue provincialiste, me démentit dans un article intitulé « Le médecin est à Paris ». Ma réponse tomba, cinglante : avant de recourir au médecin, il faudrait être capable de se développer en bonne santé. C'est tout le problème de l'économie locale. Cet article marqua le début d'une longue controverse. Nous avons animé six grands meetings régionaux sur ce thème au cours des années 1966-1967 devant des auditoires surprenants. Mai 1968 est venu marquer un arrêt brutal à ce mouvement, détournant l'attention de tous les dirigeants politiques de ce problème. A l'exception d'un seul, Charles de Gaulle. De Gaulle a fait le lien entre les problèmes de décentralisation et la grande colère ou la grande espérance de Mai 1968. C'est la raison pour laquelle il a introduit la régionalisation dans le référendum de 1969. Je suis convaincu que s'il n'avait pas engagé la réforme du Sénat, il aurait gagné, mais il a voulu toucher à cinq cent mille écharpes de conseillers municipaux qui rêvaient d'être sénateurs. Cette maladresse tactique lui a coûté le pouvoir.

— *Les années 1970 ont vu aussi se préparer le débat sur les nationalisations qui allaient être mises en œuvre en 1981. Vous y aviez pris une part active. On a le sentiment qu'il a été souvent beaucoup plus idéologique qu'économique.*

— A juste titre. Il y avait en rémanence, dans la gauche française, l'idée que le capitalisme est un régime injuste, qu'on ne peut pas endiguer la cruauté sociale des patrons qui, même quand ils sont de braves gens à titre privé – ce qu'aucun militant syndical n'est disposé à croire – deviennent cruels sous l'empire de la concurrence. Il y a une longue histoire derrière cette croyance, qui remonte à la Commune de Paris en 1871. Elle marque le Conseil national de la Résistance. C'est le général de Gaulle qui va présider aux nationalisations de la Libération, après des discours véhéments sur le thème selon lequel l'intérêt public ne saurait être soldé entre les mains des puissances d'argent. Le général de Gaulle nationalise donc les mines, le gaz, l'électricité, les grandes banques de dépôts ; une vague de nationalisations considérable. La SNCF avait déjà été nationalisée par accident, en raison de sa faillite en 1937, par le gouvernement du Front populaire, sans que cela soit inscrit à son programme. Il fallait bien que les chemins de fers marchent, même en l'absence de repreneurs privés. On oublie trop souvent que grâce à ce formidable outil public, la IVe République a reconstruit en 1945 deux fois plus vite qu'en 1919. Après la Première Guerre mondiale, il a fallu à la France six à sept ans pour retrouver son niveau de production de richesses d'avant-guerre par habitant. Après la guerre de 1939-1945, nous sommes revenus au niveau de production d'avant-guerre, lui-même inférieur à celui de 1929, dès 1947-1948. La France doit la rapidité et l'efficacité de sa reconstruction à ses services publics. Ceci ne pouvait pas ne pas laisser des traces dans les esprits, même si le concept de service public ne fonctionne pas bien dans un monde intégralement concurrentiel. Au cours des années 1960 et jusqu'à la fin des années 1970, celles où se prépare la prise du pouvoir, nous vivons une autre phase sociale dominée par la critique des inégalités et de l'immoralité de la société de consommation. Au refus de produire pour produire, de produire des objets inutiles, s'ajoute l'émergence des problèmes concernant l'environnement.

L'idée que le devoir de la puissance publique soit de mettre en place une régulation plus douce, socialement moins cruelle et plus régulière, redonne toute son actualité au processus de nationalisations. La réflexion a pourtant été très rapidement polluée par des surenchères partisanes. Le programme commun de la gauche, qui remonte à 1972, était sobre. Il donnait en deux ou trois lignes la définition du service public, dans lequel il plaçait également les coopératives, les mutuelles, c'est-à-dire l'ensemble de la propriété collective, même si elle n'était pas d'Etat. Il mentionnait simplement qu'il conviendrait d'étendre le service public à sept grands secteurs, parmi lesquels la sidérurgie, la chimie, achever les nationalisations de 1945 dont naturellement celle des banques. On aurait pu, à l'époque, l'effectuer dans les conditions de marché en rachetant les actions des entreprises en Bourse. C'est au moment de la réactualisation du programme commun, lorsque se durcirent les enjeux électoraux en vue des législatives de 1978, que la déraison s'est emparée de tout le monde. Au lieu de considérer que lorsqu'on nationalise une maison mère, on détient le pouvoir dans toutes les filiales dont elle possède 51 % du capital, on a envisagé de nationaliser chacune des filiales, ce qui signifiait en gros quadrupler le prix payé. D'où le fait qu'en 1980, on ait réalisé des nationalisations à un coût exorbitant : nous avons dépensé 150 ou 200 milliards de plus qu'il n'aurait fallu, pour que tout soit privatisé aujourd'hui… Il faut dire à notre décharge que le capitalisme français marchait mal. Durant cette période, trois de ces entreprises, Bull, Péchiney, Thomson étaient aux limites de la faillite et la France entière, à gauche comme à droite, s'interrogeait, dans les années 1978 à 1980 sur l'avenir de ces fleurons de l'industrie. Mais comme le capitalisme français est un capitalisme pauvre – il n'y a jamais eu beaucoup d'argent épargné – personne n'avait de solutions. Je suis plutôt opposé aux fonds de pension, mais il faut reconnaître que dans certains cas ils rendent des services. On avait donc le choix entre le capitaliste étranger ou le contribuable français. Et mon choix était vite fait, dans les batailles mondiales qui se préparaient, je préférais le contribuable français au capitaliste étranger.

— *Mais vous plaidiez pour des nationalisations à 51 %...*

— Je plaidais pour des nationalisations faites dans les conditions du marché, pour toutes sortes de raisons. La première, c'est que toute entreprise doit pouvoir mesurer ses résultats. La seconde, c'est que toute entreprise, au long de sa vie, quelle que soit sa taille, peut avoir besoin de capitaux frais. Nationaliser à 100 % signifiait dépendre uniquement du budget de l'Etat. Or, parallèlement, nous avions engagé une politique sociale, certes juste, chaleureuse – nous avons doublé les allocations familiales et les allocations logement, augmenté le Smic de plus de 20 % –, mais absolument ruineuse : le budget 1982 est en augmentation de 27 % sur celui de 1981. Cas unique dans l'histoire de France et que bien entendu nous avons payé par une forte inflation. En désespoir de cause, il a fallu bloquer les salaires. Tout cela était un peu fou, mais je savais que nous allions le faire et puis c'était écrit dans le programme. Or, en l'absence de capital propre suffisant des entreprises nationalisées, il était insensé de les faire dépendre seulement du budget de l'Etat. Il fallait au contraire leur laisser la possibilité de s'alimenter sur le marché. Voilà pourquoi j'étais en faveur des nationalisations à 51 %.

— *Vous l'avez dit?*

— Surabondamment.

— *Et vous avez essayé de combattre, y compris à l'intérieur du PS.*

— Comment y compris ? J'étais à l'intérieur du PS, tout ce combat se passe à l'intérieur du PS, tous les textes sont publics, mais c'est un combat interne.

— *A cause de ce combat, parce que vous parliez déjà beaucoup à l'extérieur, vous commenciez à être l'une des voix connues...*

— Est-ce que vous pouvez parler ailleurs qu'à l'extérieur ? La radio est à l'extérieur, la presse est à l'extérieur. Nous n'avons plus de dialogues internes. Il n'y a plus d'intimité sociale des partis politiques, les délibérations secrètes n'existent pas. La presse est présente partout, tout le temps. Nous ne parlons donc qu'à l'extérieur, nous nous parlons entre nous, à travers vous.

— *Laurent Fabius, à l'époque, était pour les nationalisations...*

— A 100 %. Par discipline, sans doute. Chevènement également, pour des raisons qui tiennent à son jacobinisme. Quant à Mitterrand, il voyait là l'occasion de se débarrasser d'un conflit possible avec le Parti communiste français. Mon raisonnement était au contraire que le Parti communiste n'en était pas à ça près. C'est au congrès de Metz, en 1979, que s'est résumée et cristallisée l'opposition de doctrines économiques. Je représentais la minorité. J'avais reçu un soutien temporaire et hésitant, mais tout de même net, de Pierre Mauroy. A nous deux, nous avons fait 35 % des voix du parti. Ceux qui étaient en faveur des nationalisations à 100 %, y compris celle des filiales, m'objectaient qu'il s'agissait là d'une exigence politique et que nous n'avions pas l'espace de négociation avec le Parti communiste. Ils n'aimaient pas le dire comme cela parce que cela fragilisait leur position de négociation. Ils ne répondaient pas, mais on votait contre mes résolutions. Le vote est un bon moyen de faire taire les minorités.

L'écriture du programme commun, en dépit de son caractère assez outrancier, comportait certaines flexibilités, quoi qu'ils veuillent bien dire. Ma conviction était que le Parti communiste n'avait plus de choix stratégique alternatif. A partir du moment où il rompait l'union de la gauche – ce qu'il allait parvenir à faire – il se condamnait au naufrage et se marginalisait, ce qui lui est arrivé, même si au passage, il a eu quelques ministres. J'avais la certitude que le PC avalerait tout et d'ailleurs, nous avons su après que, pratiquement, il l'avait expliqué en ces termes à ses membres : dans la littérature interne et les écoles de formation du PC, on disait : « Ne craignez pas l'union de gauche et les sacrifices idéologiques que cela implique :

nous serons les meilleurs car nous sommes les plus forts, les mieux organisés, nos militants sont les plus dévoués, et que nous sommes quatre fois plus nombreux. »

C'est une conviction que nous partagions, François Mitterrand et moi, mais nous n'en tirions pas tout à fait les mêmes conclusions. Nous nous accordions sur le fait que cette sociologie communiste n'était pas adaptée à une France démocratique et ne pouvait l'être dès lors qu'on plaçait le Parti communiste en situation de démocratie. Le pari était que si l'on assumait devant les électeurs toute la vindicativité du Parti communiste dans les revendications, si l'on incluait les revendications des militants communistes dans des propositions de gouvernement, les électeurs, rassurés contre une trahison éventuelle des socio-démocrates, opteraient pour le porte-parole le plus démocratique des deux, à savoir le Parti socialiste. C'est ce mécanisme qui a joué. Et nous savions qu'il jouerait. C'était une vision à trente ans, et sur ce point mon accord avec François Mitterrand a été absolument central et continu. En revanche, je pensais, moi, que le Parti communiste était dans la seringue et qu'il n'y avait pas lieu de faire des concessions aussi coûteuses. Au total, on a sauvé Thomson. Les fleurons de l'industrie française qui sont maintenant privés, doivent leur survie à cet épisode de la nationalisation. Ce n'est pas mal. Alcatel est l'héritier de tout cela. La France se porte bien maintenant mais on l'a payé quatre fois plus cher qu'il n'aurait fallu et je regrette les hôpitaux ou les écoles qu'on n'a pas construits à cette occasion.

— *Electoralement, pourtant, cela s'est révélé inefficace puisqu'il y a eu rupture un an avant les législatives de 1978, que la gauche a perdues.*

— La défaite de 1978 s'est jouée à quelques voix près, sur les départements d'outre-mer. En 1978, nous pensions que nous gagnerions et lorsque nous avons perdu à quelques sièges près tout le monde a compris que la présidentielle pouvait être gagnée.

— *Vous avez fait à cette occasion une prestation télévisée très remarquée. Etait-elle était spontanée ? Il y a une querelle à ce propos.*

— Je ne suis pas sûr que la sincérité des hommes soit possible dans un monde entièrement médiatisé. Quelle est la réalité ? Cette élection est à deux tours. On sait depuis le premier que la victoire est compromise, sinon à peu près impossible. Le grand espoir que nous avons cultivé pendant un an et demi ou deux – à la lumière de victoires électorales au cours des élections partielles ou dans les élections locales – de voir l'ascension de la gauche se traduire par une prise de pouvoir au parlement puis au gouvernement est fragilisé depuis le premier tour. Et en effet, le soir du second tour, il nous a manqué quatre ou cinq voix. J'ai dit que cela m'avait ému, ce qui a déclenché une controverse complètement stupide : il a écrit son texte, il l'a appris par cœur, a-t-on dit. Naturellement, on ne peut pas raisonner comme si la défaite de ce dimanche soir du deuxième tour de 1978 avait été une surprise. Elle était inscrite dans les faits quinze jours avant. Et évidemment j'avais beaucoup réfléchi à mon texte.

— *Comment définiriez-vous le parler vrai qui a été votre marque de fabrique ?*

— *Parler vrai* est un titre que j'ai donné à un recueil de textes paru en 1979, c'est-à-dire avant même que François Mitterrand ne gagne et que la gauche n'arrive au pouvoir. Ne pas mentir sur les contraintes, sur les difficultés, sur la situation. Cela ne peut pas s'appliquer aux relations entre les hommes. Dans un couple, on sait déjà qu'on ne peut pas tout se dire, que certains mots font mal. Dans les relations de compétition, c'est pareil. Vous ne pourrez pas dire à votre concurrent politique : je vote pour lui et pas pour toi parce que je te prends pour un idiot. Si vous le faites savoir cela n'arrangera pas les relations pour la suite. Bref, dans les relations humaines, un minimum de précautions sociales fait que l'on ment, même si c'est beaucoup par omission. Personne ne dit à tous ceux qu'il rencontre ce qu'il pense d'eux. Autrement la vie serait invivable. Mais mentir sur les difficultés ou les obstacles auxquels on va se heurter est en revanche une faute de gouvernement qu'on paye dans les relations humaines comme dans les rapports entre les groupes sociaux. Ne pas mentir est déjà le mieux qu'on puisse espérer et à cet égard le silence est souvent la bonne mesure.

— *Le mensonge sur les faits n'est-il pas l'une des grandes causes du plongeon de la gauche en 1984?*

— L'effondrement de 1983-1984 est le résultat d'une inflation qui demeure à 15 % par an. C'est le prix d'une gestion trop risquée. La stratégie mise en place par François Mitterrand était celle d'une augmentation de la croissance par l'accroissement de la distribution du pouvoir d'achat. Malheureusement, pour qu'une entreprise puisse faire face à une demande nouvelle, il faut qu'elle dispose des machines et des fournitures nécessaires. Or nous avons commencé par augmenter massivement leurs coûts et leurs charges. C'est l'importation qui a répondu. Le pouvoir d'achat supplémentaire est allé tout entier à des produits qu'on achetait à l'étranger, parce que les entreprises ne pouvaient augmenter leurs capacités de production. Entre le SMIC, les allocations familiales, les cotisations sociales, la cinquième semaine de congés payés, nous avons dû, en un an, 1981-1982, accroître les charges des entreprises de 7 à 8 %. Elles étaient alors complètement asphyxiées, incapables d'investir à nouveau, et le pouvoir d'achat supplémentaire, qui fut largement distribué, s'est adressé à l'importation. Au bout de deux ans, il a fallu tout arrêter, faire une troisième dévaluation – j'avais préconisé, pour ma part, une ample dévaluation le jour de l'arrivée au pouvoir. Ceci m'a été refusé pour la raison qu'on ne dévalue pas en période électorale, puisque le président de la République avait alors prononcé la dissolution de l'Assemblée nationale. C'était une folie. La dissolution étant inévitable, le fait de décider la dévaluation le jour de la prise de pouvoir, en rejetant la faute sur nos adversaires politiques, passait en conclusion du bilan de nos adversaires, et aurait pu peut-être protéger notre programme.

— *C'est une application un peu particulière du parler vrai...*

— Non. Nous étions là dans la vérité. Notre programme était dangereusement dépensier, mais nous héritions néanmoins d'une situation qui n'était pas de notre fait. Souvenez-vous, Raymond Barre, qui est un homme très respectable, nous laissait quand même une France où régnait 13 % d'inflation par an et une balance des paiements très déficitaire. Au moment où je suis moi-même devenu Premier ministre, sept ans plus tard, nous étions toujours à 50 milliards de francs par an de déficit du commerce extérieur. J'ai concentré mon action sur ce point, et je pense avoir obtenu quelques résultats : quand j'ai rendu mon mandat, nous étions à l'équilibre, et maintenant nous sommes à 100 milliards d'excédent par an. La France se porte mieux, la gauche a bien travaillé.

— *Quelle était l'ambiance au sein du gouvernement quand il s'est agi de décider s'il fallait sortir le franc du serpent monétaire européen ou l'y laisser?*

— Ce ne fut pas une décision prise par le gouvernement, mais par François Mitterrand, en relation avec quelques conseillers, quelques-uns de ses ministres dont je n'étais pas, et ses conseillers personnels dont plusieurs personnalités extérieures parmi ses amis les plus influents.

— *Vous avez été très inquiet ?*

— Oui, car si nous allions jusqu'au bout des raisonnements fous de ceux qui voulaient sortir du système monétaire européen, c'est la construction européenne que l'on mettait à bas, trente ans d'efforts de la France, mais aussi de l'Allemagne, de l'Italie et du Benelux, pour construire une unité à la taille du monde de demain. C'était tellement effrayant que, finalement, François Mitterrand ne l'a pas fait. L'idée de casser l'Europe a été le point de blocage, à laquelle il faut ajouter une conversation plus pointue du Président avec le gouverneur de la Banque de France de l'époque. « Si nous prenions la décision d'une flottaison du franc et d'une rupture des relations du franc avec le système européen, nous aurions eu la spéculation européenne contre nous, combien de semaines pourrions-nous tenir ? » Et la réponse du gouverneur fut : « quelques heures, monsieur le président de la République ». Ça fait réfléchir…

— *Lorsque vous parliez à ceux qui étaient en faveur de la sortie du SME – je pense à Pierre Bérégovoy, à Laurent Fabius, même si, depuis, ils ont raconté une autre version de l'histoire – que vous répondaient-ils ?*

— Pierre Bérégovoy, Laurent Fabius, c'était le saint des saints, l'entourage proche. Je n'en étais pas, je sentais le soufre. J'étais contre et tout le monde le savait, mais je n'étais pas admis à la conversation. Seul mon ami Pierre Mauroy, admis, lui aussi, dans le saint des saints commençait à comprendre – car Mauroy est beaucoup moins féru d'économie que ne l'étaient Bérégovoy ou Fabius, ou que je ne l'étais moi-même –, c'est donc Pierre Mauroy qui a eu le courage de tenir. Il était neuf dans cette discipline, mais il avait conscience des grands équilibres, des grandes forces. De plus sa foi principale était européenne. Il y voyait un renforcement de l'influence de la social-démocratie. La France est un pays où le socialisme démocratique est faible depuis toujours ; faire l'Europe, même avec les Anglais, s'ils le voulaient bien, avec le parti travailliste, les Allemands, les Italiens, le Benelux, partout où la social-démocratie est beaucoup plus forte que chez nous, constituait pour Pierre Mauroy, Premier ministre à l'époque, comme pour moi l'enjeu majeur. Et l'idée de briser tout cela pour verser un montant d'allocations familiales supplémentaire… Il a compris que quelque chose n'allait pas.

— *A aucun moment, pourtant, vous n'avez eu la tentation de quitter le gouvernement pour protester contre ce danger que vous voyiez pointer, pas plus que l'année suivante, c'est-à-dire en 1984 quand est lancée la querelle scolaire.*

— Quitter un gouvernement, je l'ai fait une fois. Le mot démission ne se prononce pas, c'est un mot stupide dans la bouche d'un politique. Ou bien vous le dites et vous le faites, et terminé. Ou bien vous le prononcez et vous ne le faites pas ; tout le monde se moque de vous et vous avez usé vos cartouches. C'est un mot imprononçable pour un politique sérieux, mais en plus inutile, sauf en cas d'entrave à l'honneur. La démission, c'est l'enregistrement du fait qu'il n'y a plus rien d'autre à faire, sinon sauver l'honneur. C'est toujours important de garder honneur et dignité pour soi-même, pour son pays et pour la cause que l'on défend. Mais tant que les batailles ne sont pas finies, tant que vous êtes dans une structure ou que le débat reste ouvert, tant que vous savez qu'il y a un avenir et qu'il va bien falloir payer les conséquences des mauvaises décisions que l'on prend, et que sur l'examen de ce prix des conséquences, vous aurez toujours la parole, vous ne démissionnez pas : c'est de la folie. J'avais le sentiment très net d'être, avec quelques autres, dans ce milieu, d'abord Jacques Delors, mais aussi Claude Evin, Robert Chapuis, Roger Fauroux plus tard, qui sera mon ministre, les embusqués, non pas du réalisme, parce que le mot serait réducteur, mais de la réalité économique, dans la conscience de la gauche, réalité qu'on finirait par rencontrer, ce qu'on a fait d'ailleurs. Je n'ai jamais raisonné avec l'idée de démission.

— *Mais vous l'avez fait.*

— Je l'ai fait depuis le ministère de l'Agriculture au moment où a été introduite la représentation proportionnelle intégrale. J'avais été d'accord avec la dénonciation par le président de la République de l'injustice et de la brutalité de notre système électoral, et avec l'idée qu'il faudrait y « instiller » de la proportionnelle. Si la langue française veut dire quelque chose, instiller signifie insérer une petite quantité, et sur ce point je suis toujours d'accord. Mais lorsque nous nous sommes retrouvés avec la proportionnelle intégrale, c'est devenu un boulevard pour Jean-Marie Le Pen, en même temps qu'une rupture du lien fondamental entre l'électeur et l'élu, en période de mutation de société. Notre société vit en effet des changements techniques qui bouleversent tout, changent notamment tous les destins, les rapports familiaux ; le fait d'avoir 15 % de notre population au chômage, donc marginalisée, est inédit. Nous vivons une phase qui se déroule assez lentement, sur des vingtaines d'années, mais n'en est pas moins terrifiante, et face à laquelle les politiques sont sans réponse. Keynes avait fourni la réponse à la première grande phase. Nous n'avons pas encore trouvé notre Keynes. Les politiques n'ont toujours pas inventé le médicament. Ce qu'il y a de commun entre le chômage et le sida, c'est qu'il s'agit d'une maladie contagieuse qui frappe douloureusement, avec un espoir de guérison faible, tous ceux qu'elle touche, et que la réponse se trouve dans les laboratoires. Ni contre le chômage, ni contre le sida, nous ne possédons de vaccin, et là, c'est la théorie économique qui est en faute. Ce ne sont pas les politiques qui sont en tort. Ils sont élus pour aller serrer des mains et traiter quelques décisions rapides. Nous aurions tort de nous adresser à eux comme s'ils étaient des chercheurs. Le métier politique consiste à choisir, parmi les solutions que proposent la technique, la science, la tradition et l'opinion publique, les meilleures pour résoudre des problèmes dont tout le monde s'accorde à penser qu'ils se posent. Mais il ne faut pas leur demander une pensée inventive. Ils n'en ont pas le temps, ils ne sont pas là pour ça, ils n'ont pas fait les études qui le leur permettent.

Le fait que la classe politique n'ait pas de réponse à opposer au chômage est un drame qui se traduit par une méfiance de l'opinion à l'égard de la démocratie. Le pourcentage de ceux qui votent aux élections baisse de façon dramatique. Il y a une apathie politique, voire un rejet de la démocratie, qui est très inquiétant. Et, ce qui n'arrange rien, les affaires financières. Trop de collègues en politique ont été corrompus, même s'il y a des truands dans toutes les professions. La majorité massive des politiques reste honnête. Dès lors que les politiques deviennent suspects aux yeux de l'opinion, soupçonnés à la fois d'inefficacité et de corruption, casser le lien personnel qui les unit aux électeurs pour le remplacer par une sélection anonyme de noms sur une liste ne fait qu'aggraver les choses. C'est pour la démocratie une décision extrêmement grave au-delà de la prise en compte du phénomène du Front national. C'est la raison de ma démission de 1985. Jusqu'au dernier moment – en dépit de l'avis de Pierre Joxe alors ministre de l'Intérieur qui était favorable au système de proportionnelle intégrale – je ne pensais pas que le président de la République l'instaurerait. Il avait quarante ans de vie politique derrière lui et défendait le scrutin majoritaire avec des accents tout à fait convaincants. Donc, autour de la table du conseil des ministres, le coup de tonnerre dans le ciel bleu ! J'ai démissionné en pleine nuit, ce qui a ajouté à la dramatisation.

— *Beaucoup à ce moment vous reprochent davantage d'avoir cherché à préserver votre capital de sympathie, la sincérité qu'on vous prêtait, et d'avoir quitté le navire, avant une défaite annoncée…*

— S'agissant de n'importe quel acte politique, les commentaires vont toujours dans tous les sens. J'ai démissionné par colère contre l'intégration de la représentation proportionnelle totale dans notre système électoral. Je pense que j'ai eu raison et que cela fut à mon honneur. Il a fallu que je retrouve une existence, une rémunération, un métier. Puisque démissionnaire, je n'étais plus député, je suis rentré à l'inspection des finances. J'ai attendu deux ans qu'on me donne des missions. Je ne me suis pas occupé de grand-chose avant d'être réélu à la proportionnelle en 1986. J'ai donc fait, de 1986 à 1988, paisiblement mon métier de député de l'opposition, sans être chef de grand-chose chez les socialistes.

V.

L'exercice du pouvoir

— *De cette période-là, vous avez quand même gardé une grande fierté de ce que vous avez accompli au ministère de l'Agriculture.*

— Oui, j'ai gardé une grande fierté du travail accompli au ministère de l'Agriculture. La grande réforme européenne de 1984, la réunification de tous les services du ministère, la modification de la régulation du marché des vins de table, une négociation sur l'enseignement agricole qui est à l'origine de la paix scolaire que nous vivons maintenant (ce qui a été fait dans l'enseignement agricole ayant été plus tard appliqué à l'enseignement général), et même une réforme du PMU. Au moment où je deviens ministre de l'Agriculture, en juillet 1983, la France s'apprête à prendre la présidence européenne. L'Europe va mal. Au-delà d'une crise budgétaire déclenchée par la Grande-Bretagne, il y a un problème financier plus profond, un déficit budgétaire récurrent. Ce déficit concerne au premier chef l'agriculture puisque nous avions stocké dans nos entrepôts et acheté sur les fonds de la communauté un million de tonnes de beurre et un million de tonnes de poudre de lait en excédent dont nous ne savions que faire sinon les vendre à la Russie qui les achetait au quart du prix coûtant.

— *Vous arriviez à l'agriculture comme un Parisien sans terre à vos sabots. L'enthousiasme n'était donc pas du tout assuré dans le monde paysan, et si François Mitterrand vous avait nommé là, ce n'était certainement pas pour vous faire un cadeau.*

— Je succédais au ministère à Edith Cresson, qui avait mené une politique courageuse, mais extrêmement impopulaire, dans le milieu agricole. Elle avait tenté, dans un pari un peu fou, de casser la toute-puissance syndicale de la Fédération nationale des syndicats d'exploitants agricoles en introduisant le pluralisme dans les élections aux chambres d'agriculture et en ouvrant la place aux petites structures. Il y en avait trois à l'époque, aujourd'hui plus ou moins réunifiées dans la Confédération paysanne. Ceci n'a pas empêché la FNSEA de gagner les élections. Du coup, la situation était devenue intenable. Edith Cresson ne pouvait plus visiter une exploitation agricole sans s'y faire durement chahuter. Il a même fallu une fois l'héli-treuiller pour la sortir d'une manifestation agricole qui tournait mal. C'est dans ce contexte-là que Mitterrand me choisit pour me sortir du ministère du Plan, où j'avais pourtant fait du bon travail, et me parachuter au ministère de l'Agriculture, dont je ne connaissais rien ; moi, fils de la ville dont les parents étaient des universitaires, et l'horizon limité à la banlieue parisienne.

— *Comment se passent les premiers contacts ?*

— La profession agricole, qui s'était organisée contre le président de la République et le gouvernement socialiste, était ravie d'avoir eu la peau d'une ministre. Elle s'apprêtait à remettre le nouveau ministre au pas, vite fait. Pourtant nous avions quelques souvenirs en commun. Dans ma jeunesse de fonctionnaire, j'avais complété mes revenus en faisant des conférences de vulgarisation économique et j'avais beaucoup travaillé avec le CNJA. J'avais maintes fois expliqué la comptabilité nationale, l'appréciation des revenus, les statistiques, et même les décisions macroéconomiques de politique agricole, en milieu agricole, avec les gens de la FNSEA. Je connaissais notamment celui qui présidait le CDJA de Lorraine à l'époque et qui était devenu entre-temps le président national de la FNSEA, François Guillaume.

J'ai été accueilli avec une sympathie méfiante, mais non agressive. J'ai également géré mes attributions avec circonspection en privilégiant non pas les animations politiques mais la connaissance des dossiers. Et puis, très vite, nous avons été embarqués dans la négociation sur la Politique agricole commune qui allait être au centre de la présidence européenne de 1984, avec à la clé le démantèlement des montants compensatoires monétaires. La PAC a comme principe de base, pour un certain nombre de produits, de soutenir les prix. On évalue un niveau de prix au-dessous duquel le revenu des paysans n'est plus assuré. Les fonds publics européens vont acheter les produits excédentaires pour empêcher que les prix ne baissent trop et les revendent comme ils peuvent. Ce système défendait donc à l'intérieur de l'Union européenne un niveau de prix plus élevé que les cours mondiaux. C'est encore aujourd'hui notre cheval de bataille, notre permanent et principal conflit contre les Etats-Unis, notamment dans le domaine de la banane. L'Europe n'était pas encore un ensemble de monnaies à parité. Or la France venait, sur des décisions économiques un peu irresponsables, de dévaluer sa monnaie trois fois de suite. Il fallait de ce fait augmenter les prix des produits agricoles, ce qui rétablissait l'équilibre monétaire mais était jugé par les autres pays comme un avantage indu. Ces mouvements ne sont jamais totalement unilatéraux. Il arrive – c'est arrivé au mark – qu'on réévalue, partageant ainsi la part du chemin à accomplir. Quand une monnaie est réévaluée, il faut à l'intérieur du pays diminuer les prix officiels agricoles, ce qui est évidemment une catastrophe politique. Pour éviter ces dangers liés aux mouvements monétaires, on a inventé une taxe de douane spécifique à l'agriculture, appelée montants compensatoires, sorte de douane agricole qui sert à maintenir le mécanisme de prix inchangé. Seulement, ils étaient cumulatifs et atteignaient des sommes folles. Au début de l'année 1984, nous avons dû faire face à des mouvements financiers erratiques et indus de l'ordre de 160 à 180 millions de dollars par jour. C'était l'Allemagne qui avait le plus de montants compensatoires positifs, lui évitant ainsi de baisser ses prix, et la France le plus de montants négatifs, nous permettant de ne pas trop augmenter les nôtres, contrairement à l'attente des paysans, mais nous mettant à l'abri d'une relance de l'inflation. Parallèlement, il nous fallait résorber les excédents de produits laitiers.

Au début des années 1960, au moment de l'entrée en vigueur du Marché commun, qui n'est pas un traité commercial comme les autres, contrairement à ce que disait de Gaulle commettant un mensonge historique, il a fallu essayer d'établir un équilibre entre les différents partenaires. En échange des dispositions de libre échange commercial qui profitaient à l'industrie allemande, il fallait conforter l'agriculture française. Or l'agriculture n'était pas en système libéral, elle était protégée par le système dont je viens de décrire le mécanisme. C'est la politique de la « chaise vide » du général de Gaulle qui a poussé les autres Européens à accepter ce système mis au point par le Néerlandais Mansholt, le fondateur de la Politique agricole commune. En 1962-1963, l'Europe importait 30 % de sa consommation. Elle n'était pas autosuffisante sur le plan alimentaire. On a donc appliqué cette politique inspirée du système français. La PAC va se révéler par la suite une fabuleuse machine à encourager la production. Malheureusement, on n'a pas su arrêter la machine quand on est arrivé à produire assez pour être autosuffisants. L'Europe est devenue une grande puissance exportatrice, en même temps qu'elle demeurait fortement importatrice. Pour endiguer les choses, il aurait fallu cesser de soutenir les prix et laisser jouer le marché. Pour prendre l'exemple des produits laitiers, les prix se seraient effondrés, et sept à huit cent mille paysans producteurs auraient connu la faillite généralisée avec les conséquences sociales que l'on peut imaginer. C'était impensable. Ou alors, comme le faisait le Canada depuis 1982, il aurait fallu imposer des quotas laitiers. Seulement le Canada est un pays bien gouverné, les Canadiens un peuple intelligent, qui a adopté ce système avant d'en arriver à la surproduction, ce qui lui a permis de stabiliser les volumes de production dans l'ensemble des exploitations sans avoir à les diminuer. Quand le problème s'est posé à nous, il était trop tard, même si l'Europe ne réunissait à l'époque que dix nations.

J'ai appris là une technique de négociation que j'ai par la suite appliquée à la Nouvelle-Calédonie. Je pense que je n'aurais pas su négocier comme je l'ai fait les accords en Nouvelle-Calédonie si je n'étais pas passé auparavant par l'enfer du conseil agricole de Bruxelles. Dix ministres autour de la table (ils sont quinze maintenant). Le tour de table pour entendre chacun donner son analyse, son opinion et exprimer ses revendications prend vingt minutes par ministre. Le conseil agricole se passait en continu. Le grand conseil agricole que j'évoque a duré soixante-douze heures dont cinq de sommeil. De plus, pendant que vous négociez, il est clair que vous vous engagez au nom des gens de votre camp qui vont être amenés à payer le prix. S'il y a une fuite au cours de la négociation, ceux qui vont être solidaires du paiement du prix, quel qu'il soit – prestige, intérêts économiques ou argent – s'y opposeront pour la simple raison qu'ils ne peuvent évaluer ni les enjeux, ni les éventuels avantages qu'il y a à en retirer, puisque la fuite se fait avant que la négociation ne soit achevée. Pour cette raison, il n'y a que la nuit, ce qui explique que les grands accords agricoles se concluent vers 4 heures du matin. J'ai alors compris que la France est un pays désagréable pour ses voisins. On peut ne pas aimer les Hollandais, mais il faut reconnaître que ce sont des gens charmants, tenaces, un peuple qui a le sens de l'honneur et a peu empoisonné la vie de ses voisins au cours de l'histoire. Les Allemands ont produit Hitler. Mais il était fou. C'était un cas pathologique et il était autrichien, pas très allemand, et c'est le seul. La France, dans l'art de traiter ses voisins, a produit Louis XIV, Napoléon Bonaparte et Charles de Gaulle. Cela fait beaucoup et ils s'en souviennent. Si l'on ajoute à cela l'ENA, on obtient une sorte de définition de l'arrogance française. Nous sommes également une puissance nucléaire. A l'époque, l'Angleterre venait d'entrer dans le Marché commun. Nous étions membre permanent du conseil de sécurité alors que les Hollandais, les Belges ou les Luxembourgeois étaient peu présents sur la scène internationale et les Italiens à peine davantage. Cette tradition d'arrogance française, cette habitude propre au Quai d'Orsay de donner des leçons aux autres est mal supportée. Personne ne vous le dira, tout le monde reste courtois ; mes collègues étrangers ne m'en ont parlé qu'après des repas bien arrosés. Après avoir compris cela, j'ai fait adopter certaines de mes propositions en les faisant attribuer qui aux Italiens, qui aux Néerlandais.

Lors de la négociation de 1984, la technique s'est révélée imparable. Je présidais alors une réunion de ministres préparatoire à ce conseil agricole avec ce qu'on appelle une proposition présidentielle.

Pour des raisons de procédure, le conseil des ministres, s'il rejetait une proposition de la commission européenne, ne pouvait travailler que sur « proposition présidentielle ». Il fallait que le ministre de l'Agriculture, président du conseil agricole en exercice, en présente une, qui ne pouvait être adoptée qu'à l'unanimité. Tous mes collègues du gouvernement, à commencer par Claude Cheysson, avec l'accord de Pierre Mauroy, me mettent en garde. La matière est trop délicate. Je vais provoquer des blocages, durcir les oppositions. C'est une affaire de diplomate. Ce n'est pas aux ministres de l'Agriculture de débloquer une crise aussi grave. Cette opinion se heurtait cependant à une autre disposition : comment calculer le montant compensatoire consécutif à une dévaluation du franc par rapport au mark, quand il s'agit d'échange de viande de porc. Autrement dit, quel est l'équivalent annuel de la consommation de maïs d'un porc, en argent; question très technique et pointue sur laquelle j'avais dans l'idée que l'expertise du Quai d'Orsay pouvait être insuffisante. Et il y avait soixante exemples comme cela. Il existait donc une vraie expertise technique, extrêmement difficile, qui n'était qu'entre les mains des ministres de l'Agriculture. Alors, quand est tombée la décision de m'interdire de faire une proposition présidentielle, sur les montants compensatoires monétaires – c'était en comité de ministres, le président de la République n'y était pas – j'ai dit à mes chers collègues : « Moi, je veux bien tout ce que vous voulez, mais je ne veux pas être ridicule, on annule le conseil agricole. Je ne vais pas amuser le tapis pour rien : puisqu'il n'y a plus d'ordre du jour, je ne peux rien faire. » Fureur de Cheysson, qui commence à comprendre que cela allait être terrible. Mais accord de Pierre Mauroy qui dit : « Ecoutez, vous ne pouvez tout de même pas lui faire ça, c'est vrai qu'il serait ridicule ; Michel, on annule le conseil agricole. »

Ce que je décide, en me disant que cela va provoquer un immense scandale. Il n'y avait pas de précédents. On était en pleine crise. Il fallait bien dégager un peu la piste, il y avait cinq sous-crises dans la crise et il fallait au moins en résoudre deux, celle des montants compensatoires et celle concernant les quotas laitiers. La solution viendra d'Henri Nallet, un ami sûr, qui était conseiller agricole du président de la République et me dit, en sortant de là : « Michel, tu t'es bien amusé, mais c'est de la folie, la France ne peut pas se permettre d'annuler le conseil agricole. » Moi je lui réponds : « Je ne peux pas me permettre d'être ridicule, faites ce que vous voulez. » Il me déclare : « Tu as raison, mais je fais une note au président. N'envoie pas une lettre d'annulation tout de suite. » On était mercredi et j'avais convoqué les ministres pour le dimanche. Le président prend note que j'ai raison : « Il faut lui laisser faire une proposition présidentielle. » Le gouvernement se remet alors au travail. J'obtiens le droit de faire une proposition présidentielle sur les quotas laitiers, parce que là-dessus, la technique du Quai d'Orsay n'était pas très sûre. Mais, après une longue discussion, tous pensent que pour les montants compensatoires, ce n'est pas possible dans la mesure où cela relève du domaine franco-allemand. Cependant l'Italie avait des montants négatifs, les Pays-Bas des montants positifs, de même que la Belgique. On ne pouvait pas les négliger tous, ils faisaient partie du jeu. Le franco-allemand ne résoud pas tout, loin de là. Et quand on fait exclusivement du franco-allemand, on met en fureur tous les autres.

Nous butons donc sur l'impossibilité de faire, au nom du gouvernement français, la proposition présidentielle sur ces fameux montants compensatoires, mais je pars avec les quotas laitiers. Je me revois encore en train de préparer l'affaire : finalement, je me dis que pour dégager mon conseil, il faut les fatiguer avant de mettre à l'ordre du jour les montants compensatoires monétaires, ce sur quoi je n'avais pas le droit de parler.

J'ai téléphoné au commissaire européen danois en lui expliquant que je n'avais pas le droit de faire une proposition présidentielle, mais que j'allais prononcer un discours extrêmement détaillé résumant tous les éléments techniques des dossiers. Pour que chacun dispose de cet instrument de travail, je lui ai demandé s'il pouvait donner l'ordre qu'on le sténotype et qu'on le traduise immédiatement. Puis j'ai appelé mon collègue néerlandais, Gerrit Braks, un chrétien démocrate. Je lui dis que je venais de recevoir du conseil des ministres de France l'interdiction de faire une « proposition présidentielle » sur les montants compensatoires monétaires, ce que je considérais comme scandaleux et regrettable : je continuais à penser que les diplomates ne pouvaient pas trancher le problème, et que, s'il arrivait entre les mains des chefs d'Etat, ou bien il serait insoluble ou bien il serait traité à la hache sans entrer dans les détails techniques. Ce qui pouvait être effrayant. Comme je n'avais pas le droit de faire de proposition présidentielle, j'ai demandé à Gerrit Braks de lever la main quand j'aurai fini ma présentation, de m'engueuler, et de dire qu'il était scandaleux qu'un grand pays comme la France se conduise ainsi. A lui, ministre néerlandais, pour souligner ce scandale, de déposer comme proposition présidentielle la proposition néerlandaise. Moi, à ce moment-là, je dirais ma tristesse qu'il m'ait vilipendé et contesté à ce point-là, mais que faute d'autres procédures, il n'y avait pas le choix, la proposition néerlandaise devenait proposition présidentielle : après, nous discuterions, nous amenderions, et nous trouverions l'unanimité. Il nous fallait une base de procédure, et le ministre néerlandais me fait cette réponse perplexe : « Ecoute Michel, c'est un peu difficile, les consignes que j'ai de mon gouvernement à moi, c'est de raser les murs et de coller à l'Allemagne. » J'objecte : « Tout de même, sur le maïs, sur le porc, sur les oléagineux, tu as sûrement un dixième de point de montants compensatoires monétaires où tu n'es pas d'accord avec les Allemands. » Et j'enchaîne : « Je peux assumer de prendre en charge une proposition présidentielle des Pays-Bas, c'est un pays avec lequel on n'aime pas la guerre économique, mais avec l'Allemagne, comme on est en complet désaccord, je ne pourrais pas. » C'est symbolique, aucun paysan français ne l'aurait compris ni accepté. Alors, après un long silence, il me dit : « Michel, je vais faire ça pour toi. » Quand il fit l'intervention convenue devant la commission, après ma déposition, il était 10 heures du matin. Nous avons fini vers 3 heures le lendemain matin, avec un texte où il y avait cinq crochets (on met entre crochets ce qui n'est pas réglé). Trois d'entre eux touchaient le même problème : puisque l'Allemagne baissait ses prix agricoles – terrifiant, ils ont plus d'un million d'agriculteurs – elle allait prendre quantité de mesures compensatrices, mais combien de temps lui laisserait-on pour que ces mesures, violatrices de la concurrence, perdurent avant d'arriver à un marché réunifié, une fois qu'elle aurait digéré le choc ? Entre deux ans et cinq ans ? Ça discutait ferme.

Cinq ans, on leur fournissait un boulevard, deux ans, on comprenait quand même que c'était un peu dur pour eux. Aux diplomates de négocier ces trois crochets. Cette nuit-là, nous avons dormi deux ou trois heures, et vite rasés, nous sommes revenus en séance à 8 heures pour attaquer les quotas laitiers le lundi. Mais avant la séance qui reprenait à 8 heures et demie, je me précipite dans le bureau de celui qui allait présider le conseil des affaires étrangères, mon ami Claude Cheysson. Je lui apporte le texte, il n'a pas encore vu ses collègues, et s'insurge : « Comment, vous avez touché à ça ! » Je lui rappelle que c'était inévitable, que la technicité était chez nous, et qu'on n'y échappait pas. Lui était convaincu qu'on ne pouvait pas y arriver et qu'on aboutirait à des blocages… Alors, comme dans un film, je vois son visage changer d'expression. Il est d'abord absolument furieux puis commence à découvrir le texte. Son visage se rassérène et cela finit par un beau sourire : « Mais dites donc, vous avez splendidement travaillé ! »

Nous rentrons en séance pour nous occuper des quotas laitiers, le second problème. Vers 5 heures de l'après-midi, le président de la commission européenne de l'époque, Gaston Thorn, un Luxembourgeois, me fait appeler par un huissier et je quitte ma présidence un instant. Il m'explique que les diplomates ont trouvé ce que j'avais fait très bien, mais n'ont rien scellé : trois délégations ont ajouté des réserves, et aucun des crochets n'a été levé. Et ils se sont séparés à 6 heures du soir…

Chez les diplomates, le temps passe et les intérêts nationaux sont éternels. Nous nous avions conscience que 160 millions de dollars circulaient indûment tous les jours. Ce n'est pas la même perception. L'Europe s'est faite à partir de l'agriculture. Alors je regarde Thorn, affolé, qui me dit : « Ils ne se reverront plus avant le sommet des chefs d'Etat. Cela ne peut que s'aggraver ». Ils avaient aussi en suspens le problème du chèque anglais, Margaret Thatcher et son « I want my money back » et la crise budgétaire – il fallait augmenter le plafond des ressources du budget européen, ce qui est une décision énorme. Thorn me dit : « Je suis effaré, je ne sais pas à quoi ils pensent. » Moi, je songe intérieurement que d'aucuns ont travaillé à la gloire future de François Mitterrand, mais l'idée de faire reposer trop de chose sur les chefs d'Etat était très dangereuse. De plus, la technicité avait son importance.

Je dis alors à Thorn : « Le conseil des ministres des affaires étrangères s'est réuni aujourd'hui, le conseil des ministres de l'agriculture reprend les choses demain, je peux reprendre le texte. » Thorn ouvre des yeux grands comme des billes, incrédule : « Vous feriez ça ? » Bien entendu, je l'ai fait. C'est l'unique fois dans l'histoire européenne. J'ai repris le texte, à la sortie des diplomates, ai fait un numéro un peu démagogue à mes collègues en disant : « Messieurs les ministres de l'agriculture, c'est à nous de sauver l'Europe, nos collègues diplomates sont vraiment au-dessous de tout. Notre charge est de dégager les chefs d'Etat, et notre capacité, c'est de montrer que le Conseil agricole, lui, peut prendre rapidement des décisions, sait faire preuve d'intelligence et a le sens du compromis. » Alors, on a tranché. Nous avons donné trois ans de délais à l'Allemagne et dans la foulée, nous avons signé en termes légaux.

Et voilà comment on a résolu un problème. Je ne parlerai des quotas laitiers que pour citer une anecdote. Elle concerne mon meilleur ami, l'Italien Fillipo Pandolfi, un professeur de philosophie, un homme d'une intégrité totale. L'Italie avait du mal à se sortir du problème des quotas laitiers, et j'ai vu, à 3 heures du matin, cet homme pleurer. Dans le silence d'une grande salle : on était cent cinquante personnes dont dix ministres avec chacun une demi-douzaine de collaborateurs, plus ceux de la Commission et les interprètes.

Les grandes décisions ne se prennent qu'entre gens qui se font confiance, c'est un de mes apprentissages les plus importants. Pour la grande négociation de la Nouvelle-Calédonie, j'ai appliqué le protocole du conseil agricole : on ne sort pas de la salle, et on est là jusqu'à plus soif, fût-ce des jours entiers.

Il faut évoquer enfin l'enseignement agricole, car la réforme accomplie dans ce domaine est un élément majeur dans l'un des conflits de notre histoire : la guerre scolaire qui a duré quatre-vingts ans. Il s'agit d'une bataille administrative où le clan laïque a cherché, à plusieurs reprises, à asphyxier l'enseignement privé. La Constitution comporte la « liberté de l'enseignement » dans son texte, mais cette liberté n'a pas de sens si l'enseignement qui n'est pas celui de l'Etat, n'est pas aidé et subventionné. Dans le programme commun, on trouvait l'idée d'un service public unifié et laïque de l'Education nationale, ce qui sous-entendait la nationalisation de l'école privée. C'était, je crois, déraisonnable. Il y a 10 % d'élèves dans l'école privée, un peu plus à l'étage universitaire. Le premier des ministres de l'Education nationale des gouvernements Mitterrand s'est mis à la tâche. Il s'agissait d'Alain Savary, un homme de grande droiture et d'une grande tolérance, mais qui se trouvait pris dans un système de contraintes infernales. Je suis resté proche de lui jusqu'à sa mort.

Il faut se souvenir du climat de l'époque. Pour la première fois, des communistes étaient au gouvernement. Cela a changé la perception des choses, même si ces communistes-là n'avaient plus vraiment de projet stalinien en tête.

Les milieux de l'enseignement catholique prennent peur. Se prépare une immense manifestation pour la défense de l'école privée qu'ils appelaient « libre ». Elle réunit, selon l'accord des experts, un million de personnes à Versailles. La semaine qui suit, l'Assemblée nationale va, pour la première fois dans l'histoire de la République, voter à l'unanimité une loi concernant l'enseignement. Il n'y a pas de précédent, la loi Edgar Faure de 1968 ayant eu deux voix contre. La loi sur l'enseignement agricole public dont je suis le rapporteur sera votée à l'unanimité. Il faut rappeler qu'au XIXe siècle, on a rattaché l'enseignement technique agricole au ministère de l'Agriculture, comme on avait inclus les écoles militaires dans le domaine de compétence du ministère de la Défense. Au-delà de tous mes partenaires habituels – les grandes fédérations syndicales –, j'avais également en face de moi l'ensemble des professions agricoles et les organisations professionnelles (FNSEA, confédération paysanne, chambre d'agriculture), et, bien sûr, l'épiscopat. Soit au total quatorze partenaires. J'ai tout de suite pensé qu'il ne fallait pas chercher à s'inscrire dans le grand courant de la négociation principale sur l'enseignement général. L'avenir m'a donné raison puisqu'un an après, elle allait échouer. Nous avons commencé par bâtir un projet de texte précisant les missions de l'enseignement public et privé. De la collation des grades à la reconnaissance des diplômes, de la fixation des programmes à la vérification des compétences des professeurs, aux statuts des établissements, d'autant que ce sont des établissements qui sont adossés à des exploitations agricoles.

J'ai adopté une manière de négocier audacieuse, qui n'était peut-être pas possible pour Savary, ou qu'il n'a pas osé employer pour l'enseignement général. J'ai tout de suite commencé à rédiger un projet de loi, que j'ai envoyé à chacun de mes quatorze partenaires, l'engageant à respecter le secret et à répondre par écrit. J'intégrais les propositions de chacun d'eux au fur et à mesure qu'elles me parvenaient, et j'avais prévenu le secrétariat épiscopal à l'enseignement catholique, monseigneur Cloupet et son délégué pour cette négociation, le chanoine Guiberteau, que je serai loyal, que je le tiendrai constamment informé mais que j'informerai toujours la Fédération de l'Education Nationale en premier. Ce qui avait été très bien compris. Quatorze mois plus tard, entre douze et quinze versions du texte étaient parvenues à l'ensemble des interlocuteurs. Nous étions dans un tel système de confiance mutuelle qu'il n'y a pas eu une fuite, même si à la fin a éclaté une crise au sein de la fédération de l'Education nationale. J'ajoute que, par loyauté, sans qu'il soit un de mes partenaires officiels, je prévenais le Grand Orient. Histoire d'informer l'organisation du camp de défense de la laïcité, dont j'étais un peu membre. Je ne suis pas franc-maçon, mais je suis assez laïque pour considérer que j'étais solidaire de ce côté-là. Dernier obstacle : le représentant de la Fédération de l'Education nationale, l'un de mes principaux partenaires, soutenait que deux lois étaient nécessaires, l'une sur le public, une deuxième sur le privé qui viendrait par la suite. Je me dis alors qu'ils ont tous en tête que je ne serai plus ministre de l'Agriculture après et qu'on n'achèverait pas l'affaire. Mais je n'avais pas le choix. Alors, on a mis au point ce texte, qui est un beau préambule sur les missions de l'enseignement technique agricole. En ce qui concerne le rapport de forces, j'avais dans ces établissements de l'enseignement moyen et supérieur un tiers d'élèves dans le privé et deux tiers seulement dans le public. Huit jours après la manifestation de Versailles, l'Assemblée nationale a adopté le texte à l'unanimité, l'orateur principal de la droite estimant que cette loi leur importait assez peu puisque ce n'était pas le public agricole qui posait problème, mais le privé. Il précisa que la droite ne la votait que par le crédit qu'elle me faisait de mes intentions sur l'enseignement privé agricole. Ce qui était une manière d'allumer la mèche sous mes pas du côté de l'irrédentisme de mes camarades socialistes. Cette longue histoire donne la clé de l'échec du gouvernement Mauroy à traiter le problème de l'enseignement général, échec qui devait entraîner sa chute.

Alors que ma loi était passée, Laurent Fabius devenu Premier ministre a souhaité me confier le portefeuille de l'Education nationale, ce qu'il m'a proposé par téléphone. Je lui dis : « Pas question, le dossier est sur la table du président, et le président et moi ne donnons pas l'exemple des meilleurs rapports de confiance pour travailler sur un dossier aussi chaud. Il faut quand même que l'on en parle. » Nous avons finalement eu une rencontre qui a duré environ trois quarts d'heure. Il m'a offert alors l'Industrie. Après la puissance de l'Agriculture, ce petit ministère qui n'est que gestionnaire de subventions ne m'intéressait pas. Il m'a également proposé le ministère délégué aux Affaires européennes, mais après le conseil agricole, où je gérais en ministre à part entière la moitié du budget agricole, il n'était pas question de me retrouver en sous-ministre des Affaires étrangères. Il a insisté pour je prenne l'Education nationale. Je lui ai dit que je souhaitais rester à l'Agriculture pour finir le travail commencé sans lui dire de quoi il s'agissait. Je suis donc revenu à l'Agriculture où j'ai pu faire adopter la loi sur l'enseignement privé agricole, laquelle a ensuite servi de modèle aux accords Lang-Cloupet, qui mirent fin à l'essentiel de la guerre scolaire en France. Voilà comment la France bouge, c'est rude.

Je trouve mon bonheur à faire des choses utiles pour mon pays. Le soir du vote de la loi sur l'enseignement agricole privé, le soir du triomphe sur les quotas laitiers et des montants compensatoires monétaires, le soir des accords sur de la Nouvelle-Calédonie, je me sentais fier d'avoir rendu de vrais services à mon pays ; c'est un bonheur non quantifiable, non qualifiable, un bonheur qui mérite que l'on fasse ce métier de sauvage. Mais tous les grands métiers sont des métiers de sauvage.

— *Après ces réformes concrètes que vous avez accomplies à l'Agriculture, vous retournez au gouvernement Fabius, puis vous menez campagne pour les législatives de 1986 et vous vous livrez à cet exercice que vous détestez, que vous appelez «faire le singe savant sur les estrades».*

— Il y a quelque chose de formidablement chaleureux dans le contact avec les électeurs. Mais c'est le contact le plus élémentaire. C'est celui où l'on a le temps d'échanger quelques propos sur leurs inquiétudes et où l'on a la possibilité – c'est surtout vrai des maires – de leur offrir un petit mieux, un vrai service, quelque chose qui réponde rapidement à une attente. Quand on y parvient en tant que ministre, cela concerne des choses plus importantes. C'est plus gratifiant et aussi plus rare. L'image de la télévision a faussé le jeu. Il peut y avoir une simplicité, quand on s'adresse à trois cents, cinq cents, mille personnes dans une salle, reposant sur les humeurs locales, les coutumes, les façons de parler, de manger, de s'habiller, les plaisanteries que l'on connaît. Et puis l'art de blaguer sur le dos de quelqu'un d'autre, ou d'un ennemi, etc. Il suffit de la présence, même du seul représentant de l'AFP, le galérien des mots, *a fortiori* de l'image, pour que vous ne puissiez plus vous permettre cette liberté de ton, parce qu'elle va offenser inutilement ailleurs que là où vous êtes. Ce qu'on appelle la langue de bois est simplement une protection des politiques contre cette projection à trente-huit millions d'électeurs, ou à soixante millions d'habitants, d'un trait d'esprit, qui, accepté et compris en un lieu, pourrait ne pas l'être ailleurs. Il y a également les cérémonies que l'on s'inflige par tradition qui ne servent pas à grand-chose, et n'honorent personne ; ce sont les serrements de mains sur les marchés. Les tracts, c'est autre chose. Vous donnez un document qu'on s'est fatigué à faire, qui comporte une information. J'étais très fier, chaque fois que je pouvais dire que personne ne les avait jetés par terre et que chacun les avait gardés dans la poche.

— En disant cela, vous alimentez les accusations de ceux qui vous reprochent d'être un pur intellectuel, d'être mauvais dans le contact humain, de ne jamais vous souvenir d'un nom, d'une situation familiale…

— Il est vrai que j'ai une mauvaise mémoire des noms. Mais que je sois un pur intellectuel, ils peuvent toujours s'aligner. J'ai tout de même gagné beaucoup d'élections, si j'en ai perdu pas mal ; et mon contact avec le terrain est parmi les meilleurs. Il faut garder un sens des réalités, je suis un bon candidat électoral. Je suis un très bon orateur de meeting. Je crois que je donne du métier que je fais une définition exigeante, celle qu'attendent les électeurs. Les électeurs ne sont pas plus bêtes que la moyenne, sinon moins. Ils se rendent très bien compte quand un homme politique serre trop de mains, alors qu'on aimerait mieux le voir à son bureau travailler à des dossiers urgents. Je ne suis pas heureux de me trouver mis, par les traditions d'usage de notre suffrage universel, dans des situations qui, j'estime, ridiculisent autant le candidat que les électeurs qui s'y prêtent. Seulement les électeurs ont plus de naïveté. Ils ont toujours quelque part envie du contact physique.

C'est une alchimie que je comprends très bien, mais il y a d'autres formes. J'ai fait des quantités de réunions, où l'on n'est pas plus de trente ou quarante, dans un domicile privé, ce qui donne le temps de conversations approfondies. J'en ai fait en milieu rural, à Conflans-Sainte-Honorine, dans des milieux variés sur des sujets variés. C'est là qu'on s'aperçoit que le peuple de France a de la réserve et de la distance, et que son jugement global est en général intelligent. Mais le cérémonial officiel, d'ailleurs largement fait pour plaire aux médias, est devenu faux et irritant. C'est ce qu'exprime la participation électorale.

— *Les médias, et en particulier la télévision, condamnent-ils au simplisme, à tel point que certains sujets ne peuvent plus y être traités ?*

— Il ne faut pas mélanger les choses, il y a des contraintes propres à la télévision que mes collègues en politique devraient comprendre mieux qu'ils ne le font. La première est le travail sur l'instantané : dès qu'il y a, quelque part, un événement politique important, un assassinat – je me souviens encore de celui de Itzhak Rabin – un tremblement de terre, la chute d'un gouvernement, l'annonce d'une mesure importante et surprenante, le monde entier est au courant dans les cinq minutes. Vous avez des millions de micros sous les museaux d'hommes et de femmes aux responsabilités politiques. Et tout le monde répond, naturellement, puisque le but de tout responsable politique ou de tout candidat est qu'on entende parler de lui. Il n'y a que les vieux de la vieille un peu retors, comme moi, qui peuvent mettre la main sur le micro en disant : « Coupez-moi ça. »

— *Ce fut un problème d'ailleurs…*

— C'est ce que j'ai fait dans le cas de Rabin, j'étais d'abord trop ému. De plus, quand on m'a interrogé, on ne savait pas encore qui l'avait tué. Il était évident que le cas de figure était très différent selon qu'il s'agissait d'un Juif ou d'un Arabe. On ne le savait pas et on voulait me faire parler : de la folie. Mais tout le monde parle, y compris les autorités institutionnelles qui ne peuvent pas se défiler – « ah, le gouvernement se tait, on voit bien son hésitation » – avant d'avoir réfléchi, analysé le contexte, capté l'information historique nécessaire pour comprendre quelque chose à ce qui se passe, avant d'avoir réfléchi aux conséquences éventuelles de l'événement. Ils ont quinze secondes pour décider, nous sommes dans l'absurde. En plus, c'est une trahison du sens du mot d'opinion. Opinion, étymologiquement vient d'opiner, donner son accord. Une opinion est faite quand les gens ont discuté, qu'un accord s'est formé, tandis qu'à coups de micros trottoir, d'investigations immédiates, de questionnements instantanés des politiques sur un événement auquel personne n'a justement réfléchi, on sollicite non pas des opinions, mais des impulsions ou des intuitions. On les met en sondage, on en fait la somme algébrique, et on vous fournit cela comme une matière première de démocratie. C'est une denrée volatile, caractérielle, nuisante par instabilité, terrifiante. Au sujet de l'assassinat de Rabin, j'ai refusé de réagir à chaud. Pour le reste, j'ai moins le souvenir de commentaires que j'aurais regrettés que de choses que j'ai payées très cher et que je ne regrette pas, comme dans le cas de la marine française à Gdansk. Il y avait une crise en Pologne, et tout le monde se demandait comment allait réagir le Parti communiste polonais et surtout ce qu'allait faire Moscou. Nous sommes en 1982 ou 1983, et naturellement la menace d'une invasion militaire de la Pologne par l'Armée rouge, comme à Berlin Est ou en Tchécoslovaquie, plane. On me demande ce que j'en pense. J'avais beaucoup réfléchi à la question et je déclare : « Ce serait gravissime, scandaleux, la Russie se mettrait au banc des nations : je crois pour cette raison qu'elle ne le fera pas. Mais si jamais elle le fait, la protestation verbale ne peut pas suffire. Il y a un certain nombre de choses à envisager si elle intervient tout de même. Premièrement, la rupture des relations diplomatiques, deuxièmement, l'arrêt des éventuelles aides financières, troisièmement, des pressions économiques ». Et j'ajoute qu'il n'est pas du tout exclu que des quantités de gens veuillent fuir, dont certains d'entre eux par voie de mer. Selon les statuts du canal international de Kiel, l'Allemagne est tenue de laisser passer n'importe quel navire, à la condition qu'il soit sous les drapeaux d'une puissance officielle. Et je dis que peut-être, on aura le devoir d'aller évacuer les fuyards par mer. Ce fut un tollé général. Michel Poniatowski s'est mis à parler de « Bibi Fricotin amiral ». C'est quand même délicieux. Claude Cheysson, un vieux copain que je revois volontiers, m'a envoyé bouler. J'ai perdu deux ou trois points dans les sondages, j'ai été qualifié d'irresponsable, y compris par mon vieil ami Jean Boissonnat, qui là, m'a surpris parce que c'est quand même un esprit froid. Il se trouve que depuis que j'ai fait cette déclaration, il est souvent arrivé qu'une marine de pays puissant aille sur les rives d'un pays hostile, évacuer des *boat people*, au Vietnam, au Yemen… Chaque fois qu'il y a une crise, le sauvetage des civils est devenu le problème majeur de la conscience universelle. Il se trouve donc que j'ai eu raison. Dans la déclaration en question, j'avais indiqué à deux reprises que je ne croyais pas à une invasion soviétique. Les deux « je ne crois pas à une invasion soviétique » ont été coupés et on m'a qualifié d'irresponsable là-dessus. Je suis très fier de cette déclaration, d'abord parce que j'étais un de ceux qui avaient le plus travaillé sur le sujet. Ensuite, je maintiens que si cela s'était produit, c'était la seule solution. Je suis même persuadé qu'on l'aurait fait. Il faut bien faire avancer les mentalités. A l'époque cela m'a valu une espèce de disqualification professionnelle. Je l'ai payée cher, mais je n'ai aucun regret.

— *En 1986, le Parti socialiste tient son congrès à Toulouse et c'est le triomphe de vos idées, notamment sur le plan économique. Pourtant, ce congrès ne marquera pas votre triomphe personnel.*

— Non, il faut le reconnaître. L'expression « triomphe de mes idées » est peut-être un peu excessive. Néanmoins trois dévaluations, l'efficacité toute relative des nationalisations, l'obligation où l'on s'est trouvé de bloquer les salaires pendant trois mois pour la première fois depuis la Libération, les difficultés de la balance des paiements, la déroute de 1986, tout cela incitait à la réflexion. Beaucoup s'aperçoivent que dans la controverse qui remonte à 1979, j'avais plutôt raison. J'avais essayé de négocier cela comme un ministre loyal. En tant que ministre du Plan et puis de l'Agriculture, je n'avais jamais joué de jeu personnel. Et tout le monde le savait. Ce congrès a marqué une adoption progressive par le Parti socialiste d'idées que je défendais. Mais je n'étais pas seul ; il ne faut pas oublier le travail de Jacques Delors qui, après avoir dû entériner le budget de 1982 et beaucoup de folies économiques du début, avait énergiquement travaillé à remonter la pente en expliquant sa vision des choses. A partir de 1986, les positions adoptées par le parti seront plus raisonnables, mais pour autant les équipes ne feront pas place à d'autres hommes. Le rassemblement des courants qui s'étaient affrontés n'allait pas en être facilité.

— *Quelle est l'ambiance à ce moment-là au Parti socialiste ? François Mitterrand vous regarde-t-il d'un autre œil, ou au contraire éprouve-t-il à votre égard une méfiance accrue ?*

— Il faut reconstruire. François Mitterrand a besoin de l'ensemble des forces dont je fais partie, j'ai fait plutôt preuve de loyauté, il se méfie sans doute toujours de moi, mais il n'y a pas de signe sensible d'aggravation, c'est assez peu personnel tout cela.

J'hésite à laisser dire que le Parti socialiste a adopté mes idées : la réalité économique ne se résume pas à mes idées, c'est la réalité économique que je décris. Elle a fait son jour. Il n'y a pas de quoi faire de triomphalisme là-dessus.

— Le fait que vous ayez dit la vérité, contrairement à beaucoup d'autres, a contribué à accroître votre audience chez les Français en général, et les Français de gauche en particulier. Tant et si bien qu'à partir de 1987, quand s'est posé la question du renouvellement du mandat présidentiel et que François Mitterrand gardait le silence sur ses intentions, vous êtes apparu comme le candidat naturel de la gauche à la présidentielle de 1988. Comment perceviez-vous ce rôle? Pensiez-vous qu'il s'agissait d'occuper le terrain ou vous interrogiez-vous réellement sur la volonté de François Mitterrand de poursuivre son mandat?

— Tout le monde savait que François Mitterrand excellait dans l'exercice du pouvoir, qu'il aimait cela, mais que sa santé n'était pas au mieux : on ne connaissait pas tout, mais on se doutait qu'il avait des raisons de s'interroger sur lui-même. Je pensais pour ma part que si le réalisme économique, la capacité du Parti socialiste à être optimiste d'après une meilleure connaissance des faits, progressait largement et que j'en étais un peu à l'origine, nous serions dans une symbiose relativement porteuse d'avenir. De plus il ne fallait pas laisser le terrain à la droite, d'autant qu'elle avait décidé de revenir au scrutin majoritaire. Par conséquent, je me suis senti en charge d'occuper le terrain, et j'ai très bien compris que j'étais l'un des mieux placés pour le faire. Mais je savais fort bien que si François Mitterrand décidait d'y retourner, sa décision ferait loi.

— *François Mitterrand et vous, vous êtes-vous coordonnés à un moment sur la façon dont vous alliez mener votre campagne ?*

— Il y a eu une coordination implicite car nous n'étions stupides ni l'un ni l'autre. Mais il n'a jamais voulu révéler ses intentions à quiconque, ce qui était tactiquement sage. L'effet de surprise compte. Il y avait du génie tactique dans l'idée de se présenter au dernier moment, mais il s'agissait de ne pas laisser échapper le terrain pendant ce temps-là. Pour ma part, j'étais de toute façon en bon emploi puisque j'occupais ce terrain pour le garder, dans l'hypothèse où il ne se présenterait pas. Comme j'avais dans la tête qu'il risquait d'y aller, j'étais prêt à faire un atterrissage en douceur, qui ne soit ridicule ni pour moi et pour les idées que je portais, et je crois y être à peu près arrivé.

— *Comment avez-vous appris que François Mitterrand se présentait ?*

— Comme tout le monde, à la télévision. Il n'a pas jugé bon de me prévenir. Ce qui, dans nos types de rapports, n'était pas surprenant. Nous n'étions pas amis, et sa tactique du mystère, à lever le plus tard possible, était la bonne. Je n'allais pas m'en formaliser.

— *Et comment s'est passée votre nomination comme Premier ministre ?*

— Il avait gardé sur ce sujet un silence tout aussi prudent. Le monde journalistique avait fait la liste des candidats possibles. Après un long travail d'élimination, il restait trois candidats jugés possibles : Pierre Bérégovoy, Jean-Louis Bianco et moi-même. Jean-Louis Bianco était secrétaire général de l'Elysée, et il y avait affiché un vrai talent et une véritable stature d'homme d'Etat, qu'il a moins confirmée quand il était ministre des Affaires sociales, mais ce n'était peut-être pas son secteur de prédilection. Pierre Bérégovoy avait montré son sens politique, ses talents et sa maîtrise des dossiers aux Affaires sociales comme aux Finances, et faisait donc un candidat tout à fait crédible. Par rapport à ces deux hommes, mes états de service étaient plus voyants et techniquement aussi bons que ceux de Jean-Louis Bianco.

En termes de sondage, j'étais incontestablement plus connu et plus populaire, mais sur le plan de la confiance avec le président, je savais qu'il y avait un manque. Donc, je n'y ai pas cru, bien que beaucoup de commentateurs m'aient donné vainqueur. C'est insupportable d'avoir quelqu'un qu'on n'aime pas comme collaborateur le plus proche. Le lundi, nous apprenons qu'il nous convie tous les trois, le lendemain mardi, à déjeuner dans la petite bibliothèque de l'Elysée.

Il assied Jean-Louis Bianco, son collaborateur le plus proche, à sa droite, Pierre Bérégovoy juste en face, et moi à sa gauche, et commence à nous entretenir des grands problèmes du moment. La grande aventure de cette période c'est la construction de l'Europe : le traité sur l'Acte unique est en cours de discussion, l'idée de réaliser une monnaie unique qui s'appelait encore l'écu est en train d'émerger. C'était une décision absolument majeure, difficile à prendre, techniquement incertaine : était-ce faisable et possible ? Il nous entretient de tout cela, puis vers la fin du plat principal, une bonne viande – on mange bien à l'Elysée – il déclare tout à coup, et ça nous a surpris : « Ah oui, dans vingt minutes, il faut que je nomme un Premier ministre ». La phrase a déjà du panache, et naturellement, les attentions se braquent. Il fixe dans le blanc des yeux Bérégovoy, qui était en face de lui – je revois la scène – et commence une belle tirade : « Cet exercice est purement politique et n'a absolument rien à faire ni avec l'amitié, ni avec des relations personnelles, ni avec la confiance privée, c'est une appréciation de situation. » Alors je vois mon ami Bérégovoy qui commence à s'inquiéter. Je comprends qu'il a réfléchi. Il continue en disant : « Je suis élu avec, au deuxième tour, deux fois plus de voix qu'au premier tour, ce qui veut dire que ce n'est pas le Parti socialiste, ses propres militants qui ont fait l'essentiel du travail. Il y a une représentation extérieure qui vient de me réélire, elle doit avoir sa place, il faut donc un style de gouvernement, une composition de gouvernement qui traduise un peu cela. » Il ajoute, en regardant Pierre Bérégovoy : « Dans la situation actuelle, il y a une petite prime pour Michel Rocard. » Ce mot de « petite prime » m'a trotté dans la cervelle. C'est tout, ce fut tout. Nous sommes revenus sur les affaires européennes et nous avons encore devisé trois quarts d'heure sur la préparation de la monnaie unique et les tracas qu'elle allait nous donner. Voilà comment cela s'est passé. Mon préavis était bref.

J'avais une idée sur celui qui pourrait être mon directeur de cabinet. Je suis probablement la seule personne ayant exercé des fonctions ministérielles longues au final – sept ans en tout – qui ait conservé tout du long le même directeur de cabinet. Il exerçait à ce moment-là la fonction de directeur général dans un grand groupe privé, qu'il m'a fait l'amitié de lâcher tout de suite. Nous avons commencé à composer un cabinet auquel nous n'avions en effet guère pensé. François Mitterrand avait compris que mon aura était plus externe au Parti socialiste qu'interne, en raison de la violence de nos affrontements, notamment économiques, et de leur ancienneté.

— *Le fait de placer des ministres d'ouverture ou de donner au gouvernement une coloration moins socialiste a-t-elle fait l'objet de discussions entre vous ?*

— La Constitution indique que le président de la République nomme le Premier ministre, et que celui-ci propose au Président la composition du conseil des ministres, et c'est le président qui nomme ; ce qui amène un échange de propositions. Je savais pertinemment qu'il y avait quelques postes phares auxquels il était inutile de toucher. J'ai immédiatement évoqué Pierre Joxe à l'Intérieur, Pierre Bérégovoy aux Finances, bien entendu, et j'ai quand même risqué : « Monsieur le président de la République, êtes-vous sûr que quelqu'un d'un peu controversé comme Roland Dumas est indispensable aux Affaires étrangères ? » La réponse fut : « Bien sûr ». Donc je me suis un peu calmé. J'ai fait aussi une proposition autre que celle du titulaire final au ministère de la Justice, parce que les affaires montaient. Il y avait une colère judiciaire, nous sentions que la justice allait mal mais nous ne mesurions pas à quel point. Pendant que j'étais Premier ministre, j'ai fait l'inventaire du désastre, de l'insuffisance de moyens depuis des décennies. C'est un ministère malheureux, qui n'a jamais été correctement traité par la République. Mais je n'en savais rien auparavant, n'étant pas spécialiste de ce domaine. J'avais le sentiment qu'il nous fallait à la Justice un grand représentant de la profession, contrairement à l'opinion reçue qui veut qu'un médecin soit un mauvais ministre de la Santé et un magistrat un mauvais ministre de la Justice. La règle est à peu près générale, à de très rares exceptions près. Houphouët Boigny et Kouchner à la Santé ont été bons, mais cela fait deux en trente ans. J'avais proposé Simone Rozès, qui occupait alors la position la plus élevée dans la magistrature française. La réponse du président fut : « Vous n'y pensez pas, c'est une adversaire convaincue. Non ce sera Pierre Arpaillange ». Ce fut Pierre Arpaillange. Celui-ci a payé cher le fait d'être un professionnel alors que le métier de politique n'est pas celui de la spécialité professionnelle mais du jugement extérieur.

— *A part Simone Rozès, y a-t-il des noms que François Mitterrand vous ait refusés ?*

— Je n'ai pas pris trop de risques sachant qu'il nommerait qui il voudrait là où il le voudrait. Mon principal souci était d'avoir quelques ministres qui me soient proches, le principal étant Claude Evin. François Mitterrand, dès le début, m'a donné une consigne à laquelle je ne m'attendais pas, qui m'a fait plaisir mais qui fut difficile à remplir. C'était de ne compter que la moitié de socialistes dans ce gouvernement. Je rêvais d'un gouvernement très ramassé : plus on est nombreux, plus on discute et moins on arrive à se coordonner. Autour de la table du 10 Downing Street, il y a dix-neuf personnes et ce qu'on appelle le gouvernement britannique comporte quatre-vingts personnes qui, protocolairement ou diplomatiquement, peuvent négocier, représenter, voyager au nom du gouvernement de Sa Majesté. Cela donne des moyens fantastiques, sans toutefois tuer le gouvernement. Ils sont dix-neuf à siéger, là où les choses se décident. Même chose pour le bureau du parti communiste de l'Union soviétique : ses membres sont peu nombreux. Je souhaitais donc revenir à une trentaine de ministres. Mais avec le handicap de la consigne de ne pas dépasser la moitié de socialistes, et les nominations du président, avec mon accord forcé, comme sur la nomination de Roland Dumas, les miens venaient en plus. Il fallait donc doubler la mise chez les socialistes pour arriver à un équilibre qui me soit tolérable. Nous avons terminé avec un gouvernement fort de quarante-huit membres, ce qui est évidemment beaucoup trop, mais résulte de la mécanique.

VI.

Matignon

— *Muni de ce gouvernement, vous affrontez tout de suite la première épreuve de vos trois ans à Matignon, l'affaire de la Nouvelle-Calédonie.*

— Oui. Deux jours avant le deuxième tour : dix-neuf morts à la grotte d'Ouvéa. Une irresponsabilité terrible probablement liée au fait que le candidat Chirac a voulu mettre en avant, dans une démonstration musclée, la défense du drapeau français, des territoires français et de l'identité nationale. Cette manière de faire lui a été plutôt pénalisante.

Je suis nommé Premier ministre le mardi 10 mai. Le lendemain, on prend la décision de dissoudre l'Assemblée, on entre donc en campagne électorale. Il faut composer un gouvernement, ce qui est une tâche épouvantable : vous avez au moins deux cent cinquante personnes qui se croient capables d'en être et vous vous faites un ennemi définitif de tous ceux qui n'y seront pas, si vous ne les avez pas au moins prévenus par téléphone. A la limite, un ministre peut accepter d'être prévenu par voie de presse s'il est nommé, mais un ancien ministre qui n'est pas reconduit, c'est autre chose. Cela représente une centaine de coups de téléphone à passer. Puis, il faut tenir compte des équilibres politiques, géographiques, des compétences, tâche herculéenne. Et le sang avait coulé en Nouvelle-Calédonie. Je ne connaissais pas la Nouvelle-Calédonie, je n'y étais jamais allé. J'ignorais son histoire, qu'il a bien fallu que j'apprenne. Je savais néanmoins quelques petites choses. La principale, c'est que la communauté canaque considérait l'Etat français comme un menteur.

A deux reprises au cours de notre histoire, la France avait engagé une parole d'Etat donnée par écrit, solennellement, par l'intermédiaire d'un ministre en fonction. La première fois en 1963, au moment où s'appliquait en Nouvelle-Calédonie la fameuse loi Defferre, dont on ne se souvient que pour l'Afrique. Lors de l'instauration de la Ve République, les élus néo-calédoniens s'adressèrent au président du gouvernement provisoire de la République, Charles de Gaulle, pour savoir si la loi Defferre continuerait à s'appliquer sur leur territoire. La réponse est arrivée début 1959, non pas signée par Charles de Gaulle mais par trois de ses ministres d'Etat dont Antoine Pinay et Guy Mollet et me semble-t-il Roger Frey. En 1963, le gouvernement Pompidou abrogeait par décret la loi Defferre pour sa partie néo-calédonienne, supprimant l'assemblée, le gouvernement local et en retransférant tous les pouvoirs au Haut Commissaire de France.

Le second manquement de parole est de peu antérieur à ma nomination comme Premier ministre. Alors que Jacques Chirac était Premier ministre, son ministre des DOM-TOM, Bernard Pons, avait proposé un statut très favorable à la minorité caldoche qui dominait économiquement et politiquement le pays et dont il consolidait ainsi les privilèges. La communauté canaque s'apprêtait à refuser le principe même d'élections tant qu'elle ne serait pas indépendante. Bernard Pons a découvert qu'il allait vers un référendum où peu de monde irait voter, environ 20 à 25 % de la population du territoire, les Blancs de la brousse s'abstenant, eux, par peur de représailles. Il ne restait que les Blancs de Nouméa. Il eut alors l'idée de chercher à négocier par personnes interposées avec la communauté canaque, en semi-clandestinité pour certains, ou représentés par les maires ruraux pour d'autres. La communauté canaque qui avait le sentiment d'avoir besoin d'être entendue, de se faire comprendre du peuple français et pas seulement du gouvernement, s'est posée le problème de savoir si en s'abstenant, elle ne noyait pas son refus ou sa colère. Les Canaques représentaient à peu près 40 % de la population, et la majorité était assurée par les petites communautés, philippine, vietnamienne, wallisienne. La communauté canaque fit dire qu'elle pouvait imaginer d'aller voter non, à condition que le référendum soit clairement identifié, c'est-à-dire ne soit pas organisé le même jour que l'élection présidentielle. Le ministre en exercice donna l'engagement de la République française. Or, le gouvernement décidait peu après, par décret, de mettre le référendum le même jour que le premier tour de l'élection présidentielle. D'où la colère des Canaques devant ce viol de la parole donnée, qui se traduit par l'enlèvement de nos gendarmes et la prise d'otages de la grotte d'Ouvéa, laquelle appellera une riposte armée, à mon avis scandaleuse et inutile, qui fera dix-neuf morts.

Je deviens Premier ministre sur ces entrefaites. Je n'y connais rien. Nous venons de nommer Olivier Stirn, un homme d'ouverture, au ministère des DOM-TOM mais il est à peine nommé que nous recevons beaucoup de dépêches. Il a laissé de mauvais souvenirs, et sa légitimité à s'occuper du sujet était moins forte que je ne croyais. Ma première conversation en tête à tête avec le Président le mercredi, le lendemain de ma nomination, quand j'arrive avec des propositions de composition du gouvernement, porte sur la Nouvelle-Calédonie. Je dis au président de la République : « Et la Nouvelle-Calédonie, Monsieur le Président ? Tout le monde sait, la presse le dit partout, et elle a des preuves, que vos décisions ont été fondées sur une fausse information. Il y a des coupables et j'espère bien que la justice les confondra. Vous avez été faussement informé, mais vous avez tout de même donné votre acceptation à l'ordre de tir. Il faut donc répondre au moins à une question, est-ce un dossier élyséen, un dossier que vous entendez traiter vous-même, ce qui serait parfaitement possible ? Après tout, ce n'est pas une entrave à l'action du gouvernement que le dossier de la Nouvelle-Calédonie soit traité à l'Elysée. » Il me répond au contraire qu'il s'agit d'un dossier gouvernemental classique : « chargez-vous en ». Le problème est rendu encore plus délicat car au souvenir des mensonges à la communauté canaque répond le fait que pour les Caldoches, il s'agissait de la réélection d'un Président qui avait évoqué, dans sa *Lettre à tous les Français*, un acheminement vers plus d'autonomie. On se souvenait aussi qu'Edgard Pisani, ministre du président Mitterrand sous le premier septennat, avait tenté la souveraineté-association – mot repris du Québec, mais répondant à une réalité différente – contre laquelle la communauté caldoche s'était violemment battue. Les Caldoches sont donc, à tort, mais très profondément, persuadés que Paris est en train de les trahir. Notre haut commissaire là-bas avait été très affaibli par l'affaire d'Ouvéa, et j'avais un ministre des DOM-TOM déjà contesté.

C'est à ce moment-là que j'ai repensé à une idée de médiation, qu'en fait, François Mitterrand avait déjà lancée alors que Chirac était Premier ministre, à sa manière, un peu provocatrice. En 1987, Mitterrand avait déclaré qu'en Nouvelle-Calédonie, il fallait à l'évidence, un médiateur. Il avait évoqué la personne de Roger Leray, l'un des rares hommes à être notre ami commun, ancien grand maître du Grand Orient de France. François Mitterrand voulait probablement sortir d'un débat religieux : tous les Caldoches étaient catholiques, même si leur chef Jacques Lafleur était protestant, et presque tous les Canaques étaient protestants, même si leur chef Tjibaou était un prêtre catholique. Ce qui est un mélange assez étonnant. Jacques Chirac avait alors hurlé à la provocation, Roger Leray étant un homme de gauche. En outre je comprenais très bien que la seule chose qui m'était interdite était d'aller là-bas tout de suite. Or, la renégociation ne pouvait commencer que sur place. Qui choisir de faire venir à Paris ? Les chefs canaques étaient accusés de meurtres, avec des mandats d'amener, lancés à leur encontre par notre justice et notre police. Ils vivaient en clandestins, dans la brousse. Si Tjibaou, Yéwéné Yéwéné paraissaient dans les rues de Nouméa, ils seraient immédiatement arrêtés. Et je n'avais, comme Premier ministre, aucune autorité pour faire revenir la justice sur ces mandats. Mais en même temps il était nécessaire d'engager une médiation collective menée par des interlocuteurs dont la hauteur morale soit absolument incontestable, dont le message soit, par nature, par expérience et par responsabilité, étranger à celui de l'Etat, qui parlent au nom du droit, de la morale, de l'éthique universelle.

Mon premier coup de téléphone fut pour le président de la Fédération protestante de France qui était un ami. Je lui demandais s'il pouvait me trouver en quarante-huit heures un pasteur capable de mener cette mission impossible. Jacques Stewart a cette réponse extraordinaire : « Monsieur le Premier ministre, si vous le voulez bien, je me chargerai moi-même de la mission. » Très vite j'obtiens l'accord de Roger Leray. Il y avait de nombreuses loges en Calédonie. Tout se jouait aussi sur la personne d'un représentant de rang équivalent de l'église catholique, ce qui devenait plus compliqué. Nous étions la gauche, le clan laïque. Grâce à l'enseignement catholique agricole, je bénéficiais d'une image inhabituelle dans l'église catholique. Mais tout de même, je suis protestant, je la connaissais mal. J'appelais alors le cardinal Decourtray, le chef de l'épiscopat français, un immense chrétien, un homme de stature et d'engagement. Je lui expliquais pourquoi le gouvernement ne pouvait rien faire. Avant de savoir s'ils accepteraient de parler avec le gouvernement de la République française, il fallait amener ces gens à se reparler entre eux grâce à la confiance qu'ils pouvaient avoir dans d'autres. Se parler et parler entre eux, telle était la première étape. Et le cardinal me dit : « Mon Dieu, vous avez raison, c'est une idée merveilleuse. » Alors je lui réponds : « Trouvez-moi en deux jours un grand prince de l'Eglise capable d'assumer cette mission avec courage, parce qu'il en faut, il y a éventuellement des balles perdues à prendre, et puis, le climat n'est pas très sain ». Decourtray reprend : « Vous avez bien pensé à quelqu'un. » « Monsieur le cardinal, dis-je, je suis Premier ministre de la République française, nous sommes un Etat laïque, nous respectons l'Eglise, nous avons eu des différends, des problèmes, et vous me voyez en train de marcher sur vos plates-bandes. Ensuite, je suis un huguenot, je ne connais rien aux princes de l'Eglise, et je n'en ai jamais rencontré. Enfin, la première des fautes pour moi serait de mettre mal à l'aise l'Eglise catholique, quand je lui demande un tel service, en lui proposant mon propre candidat. » Alors Decourtray répond : « C'est très aimable à vous de parler comme ça, mais reconnaissez que vous me prenez à froid. Vous voulez un grand prêtre capable de partir demain pour quatre ou cinq semaines, et vous n'avez aucun nom à me suggérer. Moi, je n'ai pas d'idée, et si je vous réponds après-demain, ce sera trop tard, allez, vous avez bien pensé à quelqu'un… » Alors je lui dis : « Monsieur le cardinal, je n'ai pensé à personne. Mais puisque vous êtes aussi en panne que moi, je vous dirai qu'une fois dans ma vie, j'ai eu affaire à un grand responsable de l'épiscopat, que j'ai trouvé en lui un partenaire extrêmement tenace et difficile dans la négociation, mais d'une loyauté, d'une intégrité et d'un sens de sa mission prodigieux. Il a été l'un de mes interlocuteurs dans les affaires de l'enseignement privé catholique agricole, le chanoine Guiberteau ». Et je cite le nom du chanoine sans avoir la moindre idée de ce qu'il faisait à ce moment-là, et de fait, je n'avais jamais pensé à lui pour cela. Le cardinal Decourtray acquiesce et me dit même trouver l'idée excellente.

Nanti de ce viatique, je prends contact avec le chanoine Guiberteau. Nous sommes le 13 ou le 14 mai. Et il me dit : « Monsieur le Premier ministre, savez-vous ce que je fais maintenant ? Je suis recteur des facultés catholiques de Paris. On entre en pleine saison d'examens. Pour un recteur d'université, c'est quand même la période chaude de l'année, je ne peux pas. » Alors je lui dis : « Ecoutez, ce n'est pas à moi que vous ferez croire que la “catho” n'est pas riche en hommes et en femmes de talent. Vous avez des adjoints. La mission est de première importance. » Guiberteau soulève alors une seconde difficulté, celle de l'accord de son employeur, autrement dit, le cardinal archevêque de Paris. Guiberteau savait très bien que Monseigneur Lustiger serait opposé à tout cela. Je connaissais un peu le cardinal Lustiger. C'est un homme plein d'esprit, mais un rude prince de l'Eglise. Plus politique, tacticien même, en tout cas plus institutionnel que ne l'était ce très grand prophète de Decourtray. Après une longue discussion Monseigneur Lustiger a prononcé une phrase que je rapporte. Je ne sais pas si elle est historiquement exacte, mais elle a du poids : « Monsieur le Premier ministre, vous demandez – le gouvernement de la République demande à travers vous – à l'Eglise catholique un service de puissance publique. Savez-vous que l'Eglise catholique a cessé de rendre tout service de puissance publique à l'Etat en France depuis Louis XIV, c'est-à-dire bien avant la Révolution : ça fait trois siècles. Vous nous demandez de créer là un précédent terrible. Nous nous trouvons bien, monsieur le Premier ministre, de n'en plus rendre, dans cette République laïque qui juge l'Eglise avec un sens délibérément critique et souvent hostile, nous nous trouvons bien de cet équilibre. » Il a fallu une demi-douzaine de coups de téléphone, et finalement le chanoine Guiberteau a été désigné. Mais c'est avec le cardinal Lustiger que j'ai négocié les dix lignes du communiqué qui annonçait la composition et le départ de la mission.

Sur ces entrefaites, nous retrouvons François Mitterrand. Nous sommes le jeudi de l'Ascension. Je suis tout seul au bureau. Il n'y a pas de secrétaire, à peu près personne. Quelques responsables sont là. Le téléphone interministériel marche. Je fais prévenir François Mitterrand de ce que je prépare. Le président de la République approuve l'idée mais souhaite adjoindre au collège, composé d'un grand protestant, d'un grand catholique et d'un grand franc-maçon, quelqu'un qui représente la tradition française du droit. Et ça, c'est tout Mitterrand. Nous sommes le jeudi de l'Ascension, une semaine a déjà passé, et l'on ne pouvait plus traîner encore, il risquait d'y avoir des fuites. J'avais besoin du secret absolu jusqu'au succès final. J'avais retenu un avion militaire pour 20 heures le soir même, de manière à avoir les images de la vue de l'avion qui décollait pour le journal du 20 heures. Et un jeudi de l'Ascension, François Mitterrand a une idée géniale, que voulez-vous opposer à cela? C'est en effet d'une intelligence parfaite. Il me casse tout le travail. Il me renvoie chercher un composant de plus. Mais il y a du génie là-dedans. Dans les deux sens. Car finalement, cette idée s'est révélée prodigieusement positive. Mais je ne vous fais pas un dessin sur l'état de colère dans lequel j'étais. Je voyais l'impossibilité où je me trouvais : tout pouvait être retardé de trois jours. C'est une corrida invraisemblable. Je demande à trois personnes, dont mon directeur de cabinet, et je crois le secrétaire général du gouvernement, de me faire la liste des meilleurs magistrats français, des meilleurs juristes. Un seul nom revient sur les deux listes, celui d'un certain Jean-Claude Perier. J'apprends qu'il a commencé comme magistrat, qu'il a fait une superbe carrière, qu'il a terminé comme juge au tribunal de Paris, à la cour d'assises. Puis il a été directeur général de la gendarmerie, ce qui représente une autorité sur les gendarmes et sans doute un grand respect. Il est devenu ensuite membre du Conseil d'Etat où il est l'un des plus réputés, l'un des plus respectés des présidents de chambre. Bref, un grand seigneur de la justice et surtout du droit. Je demande alors à l'admirable standard téléphonique de Matignon de me trouver Jean-Claude Perier.

Le standard téléphonique de Matignon est quelque chose de prodigieux. On trouve n'importe qui, n'importe où, en rase campagne, nuit et jour. Mais là, rien. Personne. La suite est à la fois désopilante et émouvante. J'appelle Marceau Long, vice-président du Conseil d'Etat, pour savoir s'il pouvait retrouver Jean-Claude Perier à travers des amitiés ou des relations privées. Il me rappelle : « Le président Perier est parti dans les Charentes fêter l'anniversaire de mariage de son fils, il y est pour trois jours et dîne ce soir dans une petite auberge de campagne, dans tel village, mais il n'a pas le téléphone. » Ni une, ni deux, j'ai envoyé la gendarmerie pour donner au conseiller d'Etat Perier l'ordre de m'appeler de toute urgence, pendant son dîner. Enfin il décroche un téléphone, je lui explique ce que j'attends de lui. Il me dit : « Combien de temps me donnez-vous ? » Je lui réponds : « Je vous aurais trouvé ce matin, je vous aurais donné une demi-journée, maintenant il faut conclure au téléphone. » Il me demande alors : « Est-ce que je peux emmener ma femme ? » Réponse : « Il faut être sérieux, je ne peux pas vous le permettre, parce que les conditions ne s'y prêtent pas, vous allez probablement dormir sous la tente, sinon à la belle étoile, ici ou là, les conditions sanitaires ne sont pas évidentes, ne me demandez pas ça. » Et Jean-Claude Perier : « Monsieur le ministre, notre famille est ce que nous avons de plus précieux. J'ai trois enfants dont je suis très fier, mais il y en a un qui est totalement infirme, et ma femme ne supporte pas le tête-à-tête avec lui. Il faut toujours qu'il y ait un de mes fils ou moi, je ne peux pas laisser ma femme un mois dans ces conditions. » Mon sang ne fait qu'un tour : « Alors, il n'y a pas de problème, c'est un cas particulier. C'est explicable aux autres, madame Perier vient, naturellement. Quelle est alors votre décision ? » et Jean-Claude Perier me fait cette superbe réponse : « Monsieur le Premier Ministre, j'ai l'habitude de servir l'Etat. » Voilà comment ils sont tous partis quarante-huit heures plus tard.

— *On ne va peut-être pas entrer dans les détails du travail de la mission sur place...*

— Six cents auditions. Tous les coins du territoire arpentés, des audiences de tous les politiques, de tous les élus, les chefs coutumiers, la société civile, la plupart des professions dans les communautés. La communauté canaque a découvert pour la première fois qu'on la respectait. La mission du dialogue a créé une situation qui a fait que les deux chefs n'ont plus pu éviter de se parler, ni de venir à Paris parler au gouvernement.

— *La présence de Jean-Marie Tjibaou posait des problèmes aux policiers ou des problèmes légaux ?*

— Jean-Marie Tjibaou était sous mandat d'amener, c'est-à-dire qu'en se promenant dans les rues de Nouméa ou de Paris, n'importe quel officier de police judiciaire pouvait le faire immédiatement emprisonner. Et le gouvernement n'y pouvait rien.

Nous avons réussi à monter une opération dans laquelle la délégation du FLNKS, qui comportait huit personnes, dont au moins six accusées de crime ou de complicité de crime, ont été soustraites à la police ordinaire de la République, et protégées par la DST, et ceci tout le long du voyage, dans un avion spécial puis enfermées à Paris dans un hôtel tenu secret, pour que personne n'en sache rien. J'ai donc violé la loi, pour faire la paix. Si la paix ne s'était pas faite, j'aurais eu à rendre compte devant des tribunaux de toutes ces violations.

— *Donc vous arrivez, après toutes ces péripéties diverses et variées, à asseoir les principaux protagonistes dans votre bureau…*

— Le jour du premier déjeuner, où ils allaient se trouver face à face, après s'être ignorés pendant pratiquement quinze ans, j'ai eu une crise de coliques néphrétiques. C'est une douleur abominable, à se rouler par terre. J'étais plutôt en bonne santé alors que j'avais devant moi deux hommes qui avaient en permanence la mort comme interlocuteur. Jacques Lafleur était un grand cardiaque, et on savait que ses pontages étaient en bout de course. Il subira d'ailleurs une opération de sept ou huit heures quinze jours après cette affaire, et il se maintenait en suceant des pastilles toutes les demi-heures. C'était très impressionnant. Quant à Tjibaou, qui était resplendissant de santé, une balle perdue ou pas, il savait qu'il y aurait droit plus facilement qu'à l'ordinaire. Il avait été la cible aussi bien des milices du

RPCR que de notre police et de notre armée. Deux frères étaient morts assassinés par les milices RPCR, et beaucoup de ses amis tués par nos hommes lors d'affrontements divers. Et il sortait de quelques années de clandestinité. Dans la clandestinité, on sait très bien qu'on n'est pas à l'abri d'une patrouille qui vous reconnaît et vous tire dessus.

— Je crois que vous aviez décidé que d'une part, vous ne prendriez pas de médicament parce que vous ne vouliez pas vous affaiblir ou que votre lucidité soit diminuée, et que d'autre part, personne ne sortirait de la pièce avant qu'un préaccord au moins ne soit conclu.

— La vérité est un peu différente, en ce sens que nous avons mis du temps à comprendre ce que j'avais. J'ai d'abord cru à une intoxication alimentaire. J'ai pensé que cela passerait. Le bon diagnostic a été porté par téléphone par le professeur Steg, grand urologue et ami personnel. Mon problème, à ce moment-là, était d'obtenir de ces deux hommes un communiqué qui dise peu de choses sur l'essentiel, mais simplement que la paix est possible et qu'on entrevoit des conversations officielles de délégations. Nous sommes à un déjeuner. Ce n'est pas un lieu d'engagement collectif. De dix minutes en dix minutes, j'allais m'allonger cinq minutes dans une pièce voisine, tellement la douleur était intense. Cela suffisait à ce que je n'entende plus grand-chose. Quand je disparaissais, malgré la présence de Christian Blanc, les deux hommes recommençaient à régler leurs comptes. Rien n'avançait. Vers 2 heures et demie le diagnostic arrive par téléphone : crise de coliques néphrétiques, il faut mettre le Premier ministre dans un grand bain d'eau chaude. Que faire d'autre ? Je me laisse mettre dans un bain chaud, ce qui me soulage immédiatement. Je décrète alors que je resterai dans mon bain jusqu'à ce qu'ils rédigent le communiqué. Je n'en démordais pas. J'ai dû attendre encore une heure et demie.

Ils ont écrit le communiqué, que j'ai lu dans le bain. Le lendemain matin, Philippe Alexandre, l'inoubliable commentateur de RTL, dit en gros ceci : « Mes chers auditeurs, l'AFP nous envoie deux dépêches, je vous les soumets toutes les deux, je les crois contradictoires. La première, c'est que le Premier ministre est au Val-de-Grâce avec une crise de coliques néphrétiques, la seconde c'est que le Premier ministre a présidé un déjeuner avec messieurs Lafleur et Tjibaou, dont un communiqué nous annonce que, peut-être, on va trouver la paix. Quiconque sait ce que sont des crises de coliques néphrétiques sait très bien que l'un des deux communiqués est faux, et qu'on nous ment quelque part. Je vous laisse juges. » Je lui ai passé un savon au téléphone comme peu de gens en ont entendu. Nous sommes restés amis. Mais ce jour-là j'ai piqué une sacrée colère.

J'ai donc obtenu la publication d'un communiqué qui annonçait leur volonté commune de négocier, le communiqué ne faisant aucune allusion au fond. On imaginait les bases d'un accord, avec la mission du dialogue, mais encore fallait-il passer de confidences privées, n'engageant que leurs auteurs, que ce soit Tjibaou ou Lafleur, à des négociations officielles de délégations représentant les deux communautés. C'était tout autre chose. Après ce communiqué, nous avons pu organiser le voyage à Paris d'une délégation RPCR et d'une délégation FLNKS, de sept personnes chacune, dont la sœur d'Eloi Machoreau, l'un des indépendantistes qui avaient été tués dans le combat, délégation dirigée par Jean-Marie Tjibaou. Les deux délégations étaient convoquées un samedi soir à 19 h 30. Ils sont donc arrivés le samedi soir, à Matignon, par la porte du jardin. Je les ai accueillis avec un petit discours : « Madame, Messieurs, nous sommes là pour le dernier rendez-vous utile, il n'y en aura pas d'autre. De la nourriture est à votre disposition pour trois jours, nous sommes samedi soir, mon emploi du temps est totalement dégagé jusqu'à mardi 12 heures, il y a même des matelas pour s'étendre et somnoler. Simplement, il n'y aura pas de nouveau rendez-vous, nous sortirons avec la paix ou la guerre. » C'était la technique de négociation du Conseil agricole de Bruxelles. Cela a jeté un froid, chacune des deux délégations hésitant à prendre les risques de la paix. Il y a toujours une menace à reconnaître l'autre comme à admettre que l'on n'a pas pu le vaincre. Il faut lui concéder un territoire, des pouvoirs que l'on espérait s'approprier. Ceci est vrai des deux côtés. Mais je ne leur ai pas laissé le choix, et nous sommes donc entrés en négociation.

L'équilibre de la négociation avait déjà été un peu évoqué en privé, et nous savions qu'on pouvait sans doute obtenir le renvoi à dix ans du choix de l'indépendance, sous la condition d'une plus grande autonomie du territoire et d'un découpage permettant à la communauté canaque de gérer certains éléments de souveraineté, certes limités à l'aménagement du territoire, aux écoles, à la santé, mais non négligeables. Nous avons inventé un concept nouveau – c'est en effet le seul cas dans l'ensemble du territoire français – celui de territoire fédéral puisque l'accord Matignon attribue la compétence de base, quand surgit un problème nouveau, aux provinces. Ainsi, le territoire, rassemblement des trois provinces, n'aurait qu'une compétence déléguée. C'était une grande première. Nous l'avons fait, mais par prudence juridique et politique, je n'ai pas inscrit le mot dans le texte.

Ensuite, il a fallu découper les provinces, se mettre d'accord sur la frontière, prévoir également une amnistie de tous les inculpés. Ce qui a provoqué la colère de beaucoup de citoyens français et de commentateurs. Je dois préciser ce que personne ou presque ne sait, c'est que l'amnistie concernait aussi les officiers et sous-officiers français qui, à coups de bottes, avaient massacré les Canaques gardant les otages à la grotte d'Ouvéa, après la tuerie. L'amnistie était donc bilatérale même si personne ne le savait. Il a fallu enfin rassurer la communauté canaque en lui garantissant que la France ne changerait pas la composition du corps électoral dans les dix années à venir de manière à ne pas influer sur le résultat du vote. Il a donc fallu inclure dans les accords une loi peu constitutionnelle – et pour cela d'ailleurs réformer la Constitution – permettant le blocage du corps électoral aux populations existantes ou à ceux qui seraient nés sur le territoire et interdisant le droit de vote aux nouveaux immigrants. Loi peu conforme au droit constitutionnel français, mais on ne fait pas la paix sans prendre en compte des situations historiques locales.

Enfin, autre disposition des accords Matignon, le flux d'aides du Trésor public. Celui-ci subventionne tous nos départements, parfois même nos communes, en tout cas nos régions, de bien des manières, et notamment grâce aux subventions aux équipements publics. On a inscrit dans les accords que le volume des subventions pour les équipements publics irait pour les deux tiers aux provinces pauvres et pour un tiers seulement à la province riche, celle du Sud où se trouve Nouméa. Restait l'inquiétude de la communauté canaque devant le fait que le gouvernement français tienne parole. Elle a exigé une ratification des accords par référendum. Sur ce point, il me fallait impérativement l'accord du président de la République. J'étais le seul à pouvoir le faire puisqu'il nous était interdit de communiquer avec l'extérieur ; nous avions « bunkerisé » Matignon. Le Président m'a donné son accord et à ma grande surprise, les négociations se sont achevées dans la nuit. On tenait l'accord à 6 heures moins le quart le dimanche matin. C'est à ce moment-là seulement qu'on a averti la presse, sidérée. C'est une très belle histoire.

— *Vous avez été assez impressionné par la personnalité de J.-M. Tjibaou, que vous avez découvert à cette occasion, et qui est devenu presque un ami.*

— C'était une grande personnalité, un homme très ferme, extrêmement intelligent, toujours jovial.

Il y a à cet égard une anecdote, que je peux raconter bien qu'elle ne soit pas à mon honneur. Nous avions préparé une esquisse de ce que pouvait être l'accord, compte tenu de ce que je sentais, pour pouvoir la rectifier au fur et à mesure que les discussions avançaient. Il y avait un préambule, que j'avais demandé à l'un de mes collaborateurs de rédiger, sur les raisons qu'on avait de mettre fin aux massacres et de faire la paix. Je ne l'avais pas écrit moi-même ayant trop de travail, nous étions en pleine campagne électorale. Il faut savoir en outre qu'au moment où l'accord est signé, il n'y a plus de gouvernement. En raison des élections législatives, j'avais présenté ma démission, comme il est de tradition, au président de la République. Il m'avait renommé Premier ministre, mais nous n'avions pas encore composé le nouveau gouvernement. Si bien que la question de savoir si en droit français, un gouvernement de la République peut s'engager dans un accord qui concerne la République, lorsqu'il n'y a pas de gouvernement, reste posée. Heureusement personne n'a fait appel au Conseil constitutionnel. Je crois qu'il aurait été bien embarrassé. Lorsqu'on a senti venir l'accord, on a commencé à travailler par écrit. On est là vers minuit, minuit et demi, si ma mémoire est exacte. Lafleur et Tjibaou s'accordent sur le fait que le préambule ne convient pas. C'est un texte de technocrate : « Ce n'est pas vous qui l'avez écrit, monsieur le Premier ministre, non, ça sent trop l'ENA. » Il y a eu une suspension de séance. Je suis allé dans la pièce d'à-côté, et d'une plume rageuse, j'ai composé un texte beaucoup plus vigoureux et plus enthousiaste au service de la paix :

« Très bien monsieur le Premier ministre, vous vous êtes débarrassé de l'énarchie ! » Ça doit être à peu près le mot de Tjibaou devant un Lafleur souriant. Tout compte, les symboles comme le texte du discours. Inutile de vous dire que le dimanche matin, nous étions épuisés, pas rasés. Mais cela a fait des photos superbes et de magnifiques reportages.

— *A ce moment-là, mesuriez-vous, J.-M. Tjibaou et J. Lafleur mesuraient-ils le risque personnel qu'ils couraient, et qui s'est confirmé par l'assassinat de J.-M. Tjibaou ?*

— Je pense que oui. C'est d'ailleurs pourquoi ils avaient tellement hésité à me donner leur accord sur le fait de conduire les négociations, sans consulter à nouveau leurs comités centraux. Car il y avait des irrédentistes et des excessifs des deux côtés. Nous le savions très bien. Les mesures avaient été prises pour assurer leur sécurité. Il aurait fallu attendre jusqu'au référendum sur cette loi, en septembre ou octobre, pour qu'en droit français, l'amnistie fasse tomber les mandats d'amener de nos amis canaques. Mais la justice a bien voulu ne pas poursuivre. A partir de la signature, ils ont pu se promener librement dans les rues. J'ai appris, des années plus tard, qu'une partie de la délégation canaque était hébergée chez un ami à moi, qui avait été haut commissaire en Calédonie des années auparavant.

— *A l'enterrement de J.-M. Tjibaou, dans ce qu'on appelle « Nouméa la blanche », à l'église et puis sur le tarmac de l'aéroport, à l'enterrement coutumier, vous étiez très ému, vous pleuriez.*

— Je pensais d'abord que j'avais perdu un ami, mais aussi que la paix avait perdu un précieux défenseur. Je me demandais sérieusement si la mort du principal négociateur, signataire et garant de l'accord, ne compromettait pas l'ensemble du dispositif. La communauté canaque pouvait être tentée d'ériger ses assassins en héros. Tout s'est joué sur le fait que les autres signataires canaques de l'accord à Paris ont maintenu la volonté de Jean-Marie Tjibaou et Yéwéné Yéwéné. Nous sommes passés à deux doigts du drame. Si la guerre civile avait repris, les violences auraient été décuplées. A cela s'ajoutait évidemment ma peine personnelle. Jean-Marie Tjibaou avait une très grande culture philosophique. Cet ancien prêtre avait demandé sa réduction à l'état laïque, comme dit le langage du droit canon, non parce qu'il avait perdu la foi, mais parce qu'il voulait être à plein temps en politique et se marier. Il était resté très croyant.

— *Parmi les grandes réformes qui durent encore aujourd'hui et dont vous êtes très fier, il y a le RMI.*

— Avec la montée du chômage et des inégalités sociales, liées à une libération des forces de l'entreprise privée, nous avons assisté dans les pays développés – aux Etats-Unis comme en Europe – à la montée d'une grande pauvreté. Il y a des siècles que la puissance publique assiste les pauvres. Les allocations ou les systèmes d'aides dont on disposait étaient de deux sortes : l'assistance, à savoir une aide pure, et l'assurance, c'est-à-dire des cotisations qui donnent droit à recevoir des allocations de chômage, mais aussi des prestations familiales, une retraite et une assurance maladie. Du côté de l'assistance, il n'y avait d'aide prévue que pour les personnes âgées, les enfants orphelins ou en déshérence, les handicapés, les malades sans ressources, mais aucune pour les adultes valides en état de travailler. La doctrine en vigueur depuis des siècles voulait jusque-là que les adultes valides en état de travailler soient considérés comme responsables de cet état de fait. Il y avait une sorte de mépris social à leur égard et une absence de réponse face à un chômage en constante augmentation. En 1981 le chiffre de chômeurs atteint un million sept cent mille personnes. Je me souviens avoir déclaré, pendant la campagne, provoquant la colère de mes camarades socialistes : « Nous espérons que notre programme sera efficace mais il n'aura des résultats qu'avec du temps. Ce qui fait qu'on passera la barre des deux millions de chômeurs. » Quand j'étais Premier ministre, nous avions dépassé les deux millions cinq cent mille. Le chômage augmentait à une vitesse vertigineuse, un nombre croissant de gens arrivaient en fin de droits et tombaient donc dans la grande pauvreté. Cette situation nous avait tous alarmés.

Le RMI est une réforme inhabituelle, y compris par son acte de naissance. Des conseils municipaux et généraux commençaient à vouloir traiter le problème des adultes marginalisés, hommes ou femmes. L'idée du Revenu minimum d'insertion et la réflexion sur la resocialisation qui l'accompagne est née au sein du réseau de clubs internes au Parti socialiste, dans ce qu'on appelait à l'époque mon courant. La réflexion collective est extrêmement difficile à mener dans les partis constitués, c'est aussi vrai au RPR que chez les communistes ou chez nous. Quand on confond la pensée avec les candidatures et les fonctions, les mots se durcissent, deviennent des étendards, on se bat et on ne réfléchit plus. L'idée s'est progressivement façonnée : un droit à une allocation pour les adultes valides dès l'instant qu'ils seraient dépourvus d'autre ressource, mais à la condition de signer un contrat d'insertion, c'est-à-dire de s'engager à chercher une formation, de rendre des services bénévoles à des associations charitables ou sportives de manière à réapprendre à vivre en société pour se préparer à retrouver un travail normal. Le tout en bénéficiant de l'aide d'un agent rémunéré par la puissance publique, fût-il associatif. C'est cette structure d'accompagnement personnel que nous avons inventée et mise en place.

Quand nous avons eu façonné cette idée fin 1986, nous l'avons diffusée au sein du parti qui l'a reprise au congrès sous le nom de baptême que nous lui avions donnée, Revenu minimum d'insertion. Lorsque François Mitterrand a rédigé sa *Lettre à tous les Français*, annonçant sa candidature, il a donc repris une revendication née démocratiquement dans le parti, ce qui est un cas presque unique. C'était important, parce que cela concernait un demi-million de personnes. Naturellement, lorsque le président de la République m'a nommé Premier ministre, notre première tâche fut de mettre en œuvre ce Revenu minimum d'insertion, de manière à ce que les titulaires de l'allocation bénéficient de l'assurance maladie, alors qu'ils n'avaient plus de droits sociaux et se trouvaient totalement marginalisés.

Le RMI se situe donc aux frontières du droit de la Sécurité sociale, du droit de l'assistance et du droit du travail. Réformer juridiquement les trois posait des problèmes inextricables. Comme il s'agissait d'une allocation à peine inférieure au SMIC, l'évaluation budgétaire de son coût était considérable. Nous sommes partis sur une estimation d'un demi-million de bénéficiaires, ce qui élevait la facture à quatre milliards de francs. L'espoir était que cette réforme d'insertion ne soit que transitoire, pour permettre à une personne marginalisée de retrouver du travail. Nous comptions sur les autres éléments de la politique mise en place – réamorçage de la croissance, amélioration de la formation professionnelle, baisses des charges sociales – pour faciliter l'emploi, au moins pour les catégories peu qualifiées. Une mesure comme celle de la suppression de toute charge sociale sur le premier embauché d'un artisan ou d'un commerçant qui s'installe et engage son premier salarié, a créé 250 000 emplois en quelques années. Nous avions un programme global pour sortir du seul traitement social du chômage et le compléter par un traitement économique. Durant les deux premières années, le nombre des bénéficiaires n'a pas trop augmenté.

Tout cela s'est d'abord traduit, grâce à nos mesures, par une baisse du chômage. Au début, le RMI concernait un demi-million de bénéficiaires et cinq milliards de budget pendant deux ans et demi. Mais avec la crise de 1992-1993, le chômage a augmenté et atteint les trois millions quatre cent mille demandeurs d'emploi, avant qu'une nouvelle phase de croissance et la politique de Lionel Jospin ne réamorcent une forte baisse, dans laquelle nous sommes toujours.

Nous tenions beaucoup à ce que la mesure soit appliquée le plus rapidement possible. En droit français, une loi n'est applicable que lorsque les décrets d'application sont sortis. Or, notre histoire est remplie de lois dont les décrets d'application ont été pris quatre ou cinq ans après le vote, voire jamais. Nous avons réussi à sortir les décrets d'application dans les deux mois qui ont suivi, ce qui est sans précédent. Jamais il n'y a eu une loi sociale dont l'application ait été aussi rapide.

Tout le monde dit qu'il y a un échec de l'insertion, j'oserai dire que c'est faux. Jusqu'à présent le système d'aides était distribué par l'Etat dans l'anonymat le plus total. Là tout change : pour la première fois dans l'histoire, on va décider que l'argent des impôts va servir à payer des gens appartenant à des associations, à des services municipaux dont le rôle est d'accompagner telle ou telle personne dans la difficulté, dans la gêne, la pauvreté, la misère, sans vêtement décent, parfois même sans domicile fixe, dans une démarche de resocialisation. Ceci est à la fois complètement nouveau et très difficile : il faut aborder ces gens qui ont perdu l'habitude de se laver, qui parfois sentent mauvais, là où auparavant on protégeait le fonctionnaire derrière les guichets, on l'abritait derrière l'hygiaphone. En raison de la nouveauté du dispositif, il était prévu que les préfets le mettraient en place. Mais l'Assemblée nationale, qui se préparait à voter la décentralisation, exigea que cette tâche revienne aux Conseils généraux.

Je pensais que, culturellement, ils auraient beaucoup de mal à faire appliquer les mesures, les deux tiers des Conseils généraux étant alors à droite. Or, quand il y a drame social, si la gauche pense qu'il revient à l'Etat d'y remédier, la droite cherche à rétablir les libres mécanismes du marché. Gauche et droite ont face à l'assistance une philosophie différente. Ceci s'est vérifié; l'insertion a en moyenne mieux fonctionné dans des départements plutôt administrés à gauche, même s'il existe des exceptions dans les deux cas. Je suis un des rares, peut-être parce que j'avais plus réfléchi que d'autres là-dessus, à penser que l'insertion ayant fonctionné pour le quart des bénéficiaires du RMI, ce n'est pas mal : compte tenu de notre culture passé, c'était loin d'être automatique. Le RMI a permis de réinsérer dans le processus de production pas loin d'un million de personnes aujourd'hui, puisque, au total, il a concerné quatre à cinq millions de nos concitoyens.

Malheureusement, nous sommes rentrés en récession en 1992-1993 et le chômage a recommencé à augmenter jusqu'en 1998, créant quelque huit cent mille chômeurs supplémentaires et interdisant à ceux qui étaient déjà chômeurs dans la phase précédente de retrouver du travail. Par conséquent, le nombre des gens en fin de droits et sans ressources s'est considérablement accru. Le RMI, qui n'y était pour rien, a changé de nature : au lieu d'une aide temporaire concernant un flux à peu près constant de personnes passant par une situation de chômage, il s'est vu assigner le traitement d'un stock de chômeurs en augmentation permanente. Tout a craqué : il n'y avait pas assez de personnel pour les contrats d'insertion, le budget n'a répondu que très lentement, les conseils généraux trouvant pour leur part que les charges s'accroissaient trop rapidement. Ce débordement a perturbé le système. La situation s'assainit seulement maintenant que le chômage diminue.

Il y a néanmoins une innovation qu'apporte le RMI en dehors de l'insertion, c'est l'usage de l'argent public pour l'accompagnement d'une souffrance. Tout ce qui concerne les personnes âgées dépendantes et les handicapés devrait relever d'une politique de cette nature. C'est la grande politique sociale de demain dont j'ai jeté les fondements.

La seconde innovation, c'est la rapidité de mise en place, elle est sans exemple, ni avant ni depuis. Enfin, le RMI est aussi la première loi de la République qui ait comporté dans son écriture son propre dispositif d'évaluation : comment cela marche, est-ce que cela marche ? Aucune loi française – pas même celles concernant le système éducatif – n'organisait l'évaluation de la qualité du service rendu par l'Etat à la société française. Le RMI a prévu une évaluation au bout de deux ans par une structure *ad hoc*, ainsi que l'obligation pour le Parlement de se saisir à nouveau de la loi pour la modifier après évaluation. On a ainsi corrigé les modalités du contrat d'insertion, le statut juridique du bénéficiaire du RMI par rapport à celui de l'assuré social.

— *Commentant votre action après votre départ de Matignon, vous avez regretté de ne pas avoir été plus innovant dans votre lutte contre le chômage. Que regrettez-vous le plus de ne pas avoir fait ?*

— J'ai quand même l'honneur et la fierté d'avoir été un Premier ministre sous lequel le chômage a baissé de près de trois cent mille personnes, avec une petite remontée à la fin de mon mandat puisque nous entrions en récession. Il y a un partage entre la responsabilité d'une croissance dans laquelle je ne suis pour rien et la politique de traitement économique du chômage. J'ai évoqué plus tôt la suppression des cotisations sociales sur les premiers embauchés. La CSG est une mesure de soulagement de la charge particulière qui pesait sur le travail dans le financement de la Sécurité sociale et dont le poids poussait les entrepreneurs à accroître le capital autant qu'ils le pouvaient puisque c'est sur le travail, mais pas sur l'usage des machines et du capital, qu'on finançait la Sécurité sociale. Nous aurions sans doute dû aller plus loin puisque si le chômage baissait, il ne diminuait pas assez vite à mon goût.

Il y a un point auquel je crois beaucoup et que je n'ai pas pu lancer à l'époque. C'était la réduction de la durée du travail. J'en avais évoqué l'idée mais le patronat comme les syndicats avaient conservé un très mauvais souvenir d'une mesure adoptée fin 1981, qu'on a appelée les 39 heures payées 40. La CGT y était absolument opposée, quelques syndicalistes d'autres centrales, principalement de la CFDT, acceptaient l'idée qu'il puisse y avoir une amputation de 1 ou 2 % du salaire total. Le problème était remonté en conseil des ministres et après avoir consulté, probablement sur pression de la CGT, François Mitterrand a décidé que la durée du travail serait de 39 heures payées 40 par les entreprises. Ce qui a représenté un surcroît de charges significatif de l'ordre de 3 %. De plus cette mesure était concomitante de l'accroissement de la durée des congés payés et d'une augmentation du SMIC. Tout cela entraînait un alourdissement des charges conséquent que les entreprises ont eu du mal à digérer. Cela avait laissé un mauvais souvenir, non seulement au patronat, mais même aux rares dirigeants syndicaux qui avaient accepté de prendre le risque d'entrer dans cette négociation. On a créé chez le patronat un réflexe négatif devant toute idée de réduction de la durée du travail, et d'une intervention de l'Etat en la matière. La colère patronale face aux 35 heures en a été le prix au début du gouvernement Jospin. Je savais pourtant que ce paramètre restait l'une des conditions pour sortir du chômage.

J'avais mentionné l'idée à deux reprises. Deux fois, je me suis fait vivement remettre en place, non seulement par le patronat mais aussi par la CGT. C'est le point sur lequel je me dis maintenant que je n'ai probablement pas été assez audacieux.

Sur ce problème de la durée du travail, je n'ai obtenu ni le soutien de mes collègues du groupe parlementaire socialiste, ni celui du président de la République. Eux aussi avaient en tête les mauvais résultats de la mesure de 1981, laquelle n'a créé pratiquement aucun emploi.

— *De même la Contribution sociale généralisée a-t-elle été une âpre bataille?*

— Toute création d'un nouvel impôt vaut des batailles parlementaires frénétiques. La démocratie est née du souci des représentants du peuple de contrôler la dépense. Le Parlement est, avant tout autre chose, le contrôleur de la dépense publique et l'organe de légitimation des dépenses publiques par le vote. Quelle était la difficulté? Nous avons un système de Sécurité sociale principalement financé par des cotisations, tant des employeurs que des salariés, calculées sur la base des salaires versés. Malheureusement, à cause de la vieillesse comme de la maladie, les dépenses allaient croissant. Quand il a été créé, le système de Sécurité sociale coûtait un petit 7 à 8 % du revenu. Nous atteignons maintenant environ 23 %; le budget de la Sécurité sociale est supérieur à celui de l'Etat. Nous recherchions un moyen de financer la Sécurité sociale qui soit moins pénalisant pour le travail, qui soit moins injuste et appelle à contribuer à la solidarité nationale. C'est de solidarité nationale qu'il s'agit, toutes les formes de revenus étant concernées et pas seulement les salaires. Je me suis donc attelé à titre principal à l'idée de Contribution sociale généralisé, un impôt supplémentaire pour remplacer les cotisations assises sur le salaire. Cette idée était dans l'air depuis assez longtemps mais faisait peur.

— *La CSG passe pour un impôt injuste dans la mesure où elle frappe directement les gens, quels que soient leurs revenus.*

— La CSG frappe proportionnellement tous les revenus. J'ai été accusé d'assassiner l'économie française, de martyriser de pauvres gens. J'ai eu droit à tout, même à l'accusation d'injustice. Pour des raisons électorales, Pierre Bérégovoy a décidé sur-le-champ qu'il ne voulait pas de cet impôt et l'a combattu de toutes ses forces. Ce qui nous a rendu le travail très difficile car les membres de son cabinet se sont sentis libérés du droit de réserve. Nos travaux préparatoires ont donc été réalisés au ministère des Affaires sociales sous la direction de Claude Evin. Toucher la France entière dans ses revenus, c'était quelque chose évidemment d'énorme. On n'avait pas accompli une réforme de cette ampleur depuis la création de la TVA. Ce fut un combat très dur que j'ai mené seul, sans grand soutien, mis à part celui de quelques membres du gouvernement qui en étaient partisans. Dans la majorité du groupe parlementaire socialiste comme dans l'entourage du président de la République, il y avait une sorte de crainte électorale à toucher à quelque chose d'aussi explosif. Pour ma part, je travaillais dans l'urgence. Comme il était clair que les dépenses sociales allaient continuer d'augmenter, ne rien faire revenait à laisser s'aggraver la surtaxation du travail. Notre combat contre le chômage était de ce fait tué dans l'œuf par le fait qu'il existait au cœur du système social et fiscal français une procédure qui produisait du chômage pendant qu'on essayait de le combattre.

J'ai été menacé d'une censure victorieuse, le RPR, l'UDF et le groupe centriste ayant déposé une motion de censure que le Parti communiste allait soutenir avec la droite pour la première fois dans l'histoire. Nous sommes à l'automne 1990, pendant l'occupation du Koweït. Les esprits sont échauffés. Si tous les groupes politiques sauf les socialistes votaient la censure, le gouvernement tombait. Certains ont dit, ici ou là, que je n'aimais pas les conflits. Ils ont tort, je sais aussi me battre. Nous nous sommes durement battus, et la censure a été rejetée à cinq voix près. Il y a même une dimension esthétique à l'événement. Mon conseiller parlementaire, Guy Carcassonne, avait déclaré : « Pour la beauté de la chose, il nous faut un indiscipliné dans chaque groupe, de manière à ce qu'aucun groupe n'ait, par rapport aux autres, la culpabilité de nous avoir sauvés. » Ce fut le cas.

La CSG est le premier impôt nouveau qui est venu en discussion devant le Parlement en prévoyant la suppression d'autres prélèvements pour un montant équivalent puisque nous avions programmé une baisse des cotisations sociales « salariés » pour l'assurance maladie. De ce fait, 75 % des Français y ont gagné, ceux dont le salaire était inférieur à douze mille francs.

La protestation s'est focalisée sur le cas des retraités auxquels il était désormais demandé de contribuer à l'assurance-maladie. Nous étions arrivés à cette bizarrerie que le revenu moyen des inactifs était légèrement supérieur à celui des actifs. Il était donc juste à mes yeux qu'ils participent à l'effort général, mais cela m'a été cruellement reproché : je reçois du courrier de gens qui m'en veulent et « m'engueulent », dirait-on sobrement. J'avais déclaré à la tribune de l'Assemblée nationale que comme il s'agissait d'une réforme créant un impôt proportionnel au premier franc, on ne pourrait augmenter la Contribution sociale généralisée qu'à la condition de diminuer en même temps et d'autant un autre prélèvement, d'abord les cotisations employeurs, puis salariés. Ceci a été respecté, au point qu'Edith Cresson, qui m'a succédé, lorsqu'elle s'est trouvée aux prises avec l'accroissement du déficit de la Sécurité sociale, n'a pas augmenté la CSG. Edouard Balladur, lui, s'est permis de l'augmenter d'un peu plus d'un point sans diminuer ni les cotisations employeurs ni les cotisations salariales sur l'assurance maladie, ce qui est grave, car cela a rendu la CSG trop lourde à mon goût : il y a un plafond à tout bon impôt. Un impôt mal toléré devient un impôt qu'on fraude ou qui génère une disharmonie sociale, ce qui n'est pas bon. Lorsque Lionel Jospin a eu à y retoucher, il a agi conformément à l'éthique initiale, en supprimant des cotisations.

«Le problème des retraites est une des plus grosses bombes à retardement qu'il y ait dans la société française», avais-je déclaré à l'époque. Depuis quarante ans, nous ne faisons plus assez d'enfants pour assurer le renouvellement des générations. Pour des raisons liées à la pyramide des âges et comme conséquence de l'époque du *baby boom*, notre population totale va continuer à augmenter en nombre jusqu'en 2010 ou 2015, alors que la population allemande ou néerlandaise commence déjà à diminuer et que leur situation est infiniment plus dramatique que la nôtre. Ce qui veut dire que si rien ne change, le nombre d'actifs capables de payer la retraite des inactifs diminuera doucement. Les montants des cotisations pour les retraites vont terriblement augmenter ou, s'ils atteignent la limite de l'impossible, il faudra se résoudre à baisser les retraites. C'est arithmétique et personne n'y peut rien. L'échéance est progressive. Notre population va commencer à diminuer à partir de 2010. Les mesures à prendre sont très graves, qu'il s'agisse d'augmenter les cotisations jusqu'à l'insupportable, ou de baisser les retraites, voire simplement de cesser de les augmenter, ce qui revient à échelonner dans le temps la cruauté sociale, mais ne la fait pas disparaître. Ou peut enfin augmenter la durée de travail prise en compte. Il faut distinguer trois dossiers : celui du régime général de Sécurité sociale, la retraite de base, celui des régimes complémentaires obligatoires, qui sont organisés par l'AGIRC et l'ARRCO, l'une pour les cadres et l'autre pour les non-cadres, et enfin les retraites des régimes spéciaux, comme celles des Houillères, de la SNCF ou des fonctionnaires par exemple. On est en train de fermer les mines, il n'y a plus de travailleurs actifs, il reste seulement des retraités. C'est un trou sans fond. Il faut donc l'intégrer dans la solidarité nationale on va continuer à payer les retraites des mineurs, même s'il n'y a pratiquement plus de mineurs actifs. La SNCF ne vaut guère mieux, puisqu'elle a dégagé cent cinquante à deux cent mille actifs depuis 1945. Les trains continuent de marcher, mais il y a beaucoup plus de retraités que d'actifs.

Je suis parti d'une conviction très simple, à savoir que tout cela n'est pas à la mesure d'un gouvernement : c'est une négociation de société. Il faut que les partenaires sociaux, le patronat, les grandes centrales syndicales, les associations de retraités soient présents dans les discussions. Les mesures à prendre seront douloureuses mais elles le seront d'autant moins que leurs effets seront répartis. Cela nécessite l'accord de toutes les parties concernées.

J'ai donc engagé un travail long dont le président de la République, comme le ministre des Finances, Pierre Bérégovoy, ont refusé de comprendre la méthode. Je voulais aboutir à un accord négocié, mais il fallait du temps; je n'ai pas disposé de ce temps. J'ai commencé par proposer la mise en place d'un élément de diagnostic, accompagné d'une boîte à outils, de manière à ce que personne ne puisse contester les chiffres. Il fallait fournir les preuves indiscutées et soumises à l'appréciation de tous. Second élément : dresser l'inventaire de l'ensemble des solutions envisageables. J'ai ensuite discuté avec le patronat et les centrales syndicales sur le principe de la publication d'un diagnostic. Comme il ne s'agissait pas de prendre des mesures, personne n'a pu refuser. Et nous avons commencé à travailler. J'ai soumis au patronat et aux centrales syndicales les éléments de ce diagnostic, qui allait devenir le livre blanc. Le livre blanc qui est sorti était donc déjà l'objet de négociations sur le seul diagnostic et sur l'inventaire de ce qu'on pouvait imaginer faire : augmenter les cotisations, baisser les retraites, les indexer sur les prix et non sur les salaires, accroître la durée pendant laquelle on paye des cotisations, modifier les cotisations. J'ai créé parallèlement une mission du dialogue sur les retraites composée de quatre hauts fonctionnaires, conduits par un dirigeant syndical de Force ouvrière, à qui j'avais donné mission de visiter toute la France. Je souhaitais un délai de deux ans, de manière à ce qu'aucun dirigeant, ni patronal, ni syndical, ne puisse nier les chiffres avancés. Le projet était d'arriver à ce qu'une fois le consensus acquis sur le diagnostic, on soit conduit à faire ensemble l'examen des solutions acceptables.

Je suis licencié – enfin je suis acculé à la démission – le 15 mai 1991. Mon successeur, Edith Cresson, va interrompre au bout de sept mois le travail de la mission du dialogue sur les retraites. Je ne sais pas pourquoi, elle ne s'en est jamais expliquée, il serait intéressant de le lui demander.

Mais l'essentiel du travail était fait. La mission avait parcouru presque l'ensemble des départements français. Elle avait conduit les délégués syndicaux et les responsables locaux à se parler, à discuter des chiffres, à prendre conscience des dégâts. Tout cela ne concernait cependant que la retraite du régime général, pas l'AGIRC ni l'ARRCO, ni les régimes spéciaux qui constituaient des bombes à retardement plus compliquées.

Lorsqu'après notre défaite aux législatives de 1993, Edouard Balladur est devenu Premier ministre, il a pris par décret des mesures comptables visant à équilibrer, pour une dizaine d'années, les seules retraites du régime général, profitant du climat créé par le livre blanc et la mission du dialogue. Cela ne règle pas le problème au-delà. Cela n'a été possible que grâce à mon travail, mais c'est un scandale, les responsables patronaux et syndicalistes, prêts à s'engager dans la négociation, ayant été discrédités par la brutalité de la méthode. Et surtout cela remet l'Etat en première ligne, comme seul décideur pour les retraites complémentaires et les régimes spéciaux. C'était une catastrophe.

En réaffirmant que tout dépend de l'Etat présenté comme seul décideur, Edouard Balladur donnait à penser à tout dirigeant syndical, patronal ou ouvrier qu'il est inutile de prendre les risques d'une négociation douloureuse, puisque, au bout du compte, il aura tout loisir de mettre en pièces les propositions de l'Etat et de voter contre. Ce qui rend extrêmement difficile le traitement des dossiers qui restent en suspens, et sont plus ardus encore que le régime général. Je continue à penser qu'il n'y a de sortie possible que par la voie de la négociation. Le terrain a été miné par cette décision irresponsable d'Edouard Balladur, remettant l'Etat en première ligne, alors qu'il n'y peut pas grand-chose.

Quant à la controverse avec le président de la République, Pierre Bérégovoy et quelques autres, elle vient du fait que ceux-ci réclamaient des mesures spectaculaires pour traiter le déficit naissant de la Sécurité sociale (quatorze milliards de francs en 1990) qui représentait alors moins de 10 % du déficit budgétaire de l'Etat. Il était donc parfaitement tolérable et on pouvait le noyer dans le déficit d'ensemble, il n'y avait pas d'urgence. Eux souhaitaient quelque chose de visible, de médiatique là où je cherchais du progressif, négocié discrètement, c'est-à-dire du non-médiatique, mais efficace. C'est une différence de culture et d'approche, mais j'ai la faiblesse de penser que la mienne est meilleure, comme l'a confirmé la suite des événements puisqu'elle a permis tout d'abord à Balladur d'assainir le régime général, conformément à ce que préconisait le livre blanc, mais surtout parce qu'on voit aujourd'hui que pour régler les problèmes, Lionel Jospin est obligé de recréer des conditions de négociation. Cette méthode était bien la bonne.

— *Il y a une personne qui s'est attaquée aux régimes spéciaux, c'est Alain Juppé, et avec le succès qu'on a vu, c'est-à-dire trois ou quatre semaines de grève, à la fin de l'année 1995. Pensez-vous que vous auriez pu éviter cette levée de boucliers ?*

— J'ai l'arrogance de le croire. Alain Juppé est un homme intelligent, généreux, un homme de courage. Il fait partie des bons Premiers ministres qu'a eus la République française, mais il n'a aucune culture sociologique. Comment a-t-il pu dans le même discours aborder des problèmes aussi vastes que celui de la réorganisation de la SNCF, des conditions dans lesquelles elle sert à l'aménagement du territoire, garantit aux régions en voie de dépeuplement un accès constant au service public et s'attaquer en même temps au régime spécial de retraite des cheminots, tout en annonçant une réforme du financement de la Sécurité sociale, ainsi qu'une réforme des modes de fonctionnement de l'assurance maladie? Il allumait en une seule fois quatre mèches, qui alimentent quatre bombes à retardement explosives et bien connues pour la société française. C'est de la folie, ou plutôt de l'inculture sociologique. Naturellement, il y a eu droit.

Annoncer aux gens des catastrophes ne peut pas ne pas provoquer des réactions. Ce fut une très sévère mise en garde, qui l'a conduit à abandonner trois des dossiers, pour concentrer son tir sur une seule réforme, celle de l'assurance maladie, qu'il n'a pu mener à bien complètement. D'une certaine façon, c'est dommage. Mais il n'aurait pas dû commettre la faute de vouloir s'attaquer à tout à la fois : aucun de ces problèmes n'est de nature à causer l'effondrement de la société française l'année prochaine. On dispose bien d'un an ou deux pour traiter chacun. Il était également déraisonnable de penser pouvoir faire passer ces réformes au nom de l'Etat, en parlant comme si l'Etat seul pouvait décider de tout. Il faut là-dessus l'engagement de toute la société, de l'ensemble des partenaires sociaux.

— *En matière d'assurance maladie, vous avez également commencé un vaste chantier que n'avez pas eu le temps de finir…*

— Boucler la réforme de l'assurance maladie aurait demandé une dizaine d'années, sinon davantage. Les grandes choses prennent du temps, mais je suis content d'avoir au moins commencé. Dans la vie de tout être humain, la maladie est la grande hantise et, aujourd'hui, les gens veulent se soigner de mieux en mieux. Tout malade, surtout s'il est assuré social et que de ce fait il a un droit, exige de pouvoir bénéficier des dernières découvertes médicales et chirurgicales même s'il s'agit de traitements extrêmement coûteux. Autrefois, cela ne comprenait que 95 % de la société française, ce qui était déjà beaucoup. Maintenant, grâce à la couverture universelle créée par Lionel Jospin, cela concerne tout le monde. L'invention d'un produit américain nouveau met dix ans à traverser l'Atlantique, quand il s'agit d'un produit commercial banal, utilisable dans la vie quotidienne. Pour les médicaments ou les techniques chirurgicales, cela prend un an et demi tellement la demande est forte. De ce fait, le coût de l'assurance maladie augmente beaucoup plus vite que ses ressources. Le fossé est encore plus important que pour les retraites. Actuellement, l'équilibre de la Sécurité sociale – et c'est vrai depuis une quinzaine d'années – dépend davantage du contrôle de l'assurance maladie, de la régulation des dépenses de l'assurance maladie, que de tout autre chose. Là-dessus aussi, ma façon de voir a pleinement joué. Je me suis mis d'accord avec l'excellent ministre des Affaires sociales Claude Evin pour convenir que la loi n'y pouvait rien. Ce n'est pas une mesure budgétaire brutale, une interdiction, la fixation d'un plancher qui pouvaient changer les choses, pas plus d'ailleurs qu'une amputation des revenus des médecins.

Nous avons employé la seule technique qui marche, celle de la négociation, profession par profession. Plus de soixante-dix professions médicales et paramédicales sont répertoriées : médecins spécialistes, généralistes, mais aussi masseurs, kinésithérapeutes, pédicures… Nous avons décidé de négocier par profession, en posant clairement les choses : voilà ce que vous coûtez aujourd'hui. L'assurance-maladie, la solidarité française n'auront pas les moyens d'en payer davantage. Il fallait veiller aux dépenses inutiles et pour ce faire déterminer avec chaque profession les thérapeutiques les meilleures.

Venait ensuite le choix des médicaments : les médicaments génériques, moins chers, ont des principes actifs analogues, et sont aussi efficaces. Il fallait faire passer le message aux responsables de telle ou telle profession en leur précisant que, en cas de dépassement, on les mettrait à contribution pour le corriger, de manière à créer une solidarité collective. Il n'y avait aucune raison qu'ils acceptent immédiatement, mais l'Etat demeurait responsable de la fixation de la rémunération des médecins ou des personnels paramédicaux grâce aux fameuses lettres clés du code de la Sécurité sociale qui fixent les remboursements. La négociation se posait donc en ces termes : nous sommes prêts à préserver vos revenus, mais pas sans un engagement de votre propre responsabilité.

Il faut convenir qu'on se heurte en la matière à quelque chose d'un peu effrayant : il y a peu de temps encore, il n'existait pas d'enseignement de l'économie médicale dans les facultés de médecine. Aucun médecin, aucun opérateur médical ne se considérait comme responsable du budget de l'Etat, alors qu'ils sont ordonnateurs des dépenses publiques : ils ne le savent pas et refusent même de le savoir. La santé n'a pas de prix. Mot stupide : on finit bien par payer.

C'était une irresponsabilité générale, tragiquement cautionnée par l'Ordre des médecins, qui jamais n'a assumé de responsabilité dans l'organisation sociale de la médecine, qui n'a jamais contrôlé, par exemple, le volume des contingents de jeunes médecins que l'on formait. Or nous avons une démographie médicale folle, avec pendant des années des générations trop importantes de jeunes médecins sortant de formation, des médecins qui vivent très mal, alors que nous arrivons maintenant dans des périodes de pénurie. Quant aux syndicats médicaux, ils ont toujours défendu les quatre fameuses libertés : le libre choix du médecin, des tarifs, de la prescription ainsi que le secret médical. Ils ont refusé d'admettre que tous les quatre ne pouvaient être satisfaits à la fois, rejetant très longtemps toute négociation sur ce sujet.

Nous nous sommes dit que cela prendrait du temps mais qu'il n'y avait pas d'autre choix. Nous connaissions, Claude Evin et moi-même, l'inutilité des grands-messes où les participants tiennent un discours pour leurs mandants, qui n'est pas un discours de négociation, mais un discours de proclamation. Nous avons commencé à discuter avec les représentants des cliniques privées, en qui nous avons trouvé des gens conscients des problèmes financiers que posait la poursuite de la situation. Nous avons trouvé des interlocuteurs responsables et avons conclu un premier accord. Ce fut ensuite, je crois, le tour des radiologues. Nous nous attaquions aux masseurs-kinésithérapeutes et surtout, le courageux Claude Evin a commencé à poser le problème aux généralistes, les plus nombreux, s'ils ne sont pas les plus coûteux. Les choses étaient en effet rendues plus complexes en raison d'une division syndicale. Nous nous sommes heurtés aux syndicats des généralistes, dans la confédération des syndicats médicaux : refus général et affichage proclamatoire. Mais un certain nombre de médecins, notamment les jeunes, comprenaient fort bien que cette ligne du refus était sans issue. Un beau jour, devant un drame budgétaire et financier, la loi allait devoir, faute de mieux, prendre des dispositions brutales et inadaptées. La conscience de l'urgence a émergé, notamment au sein d'un nouveau syndicat des Médecins généralistes de France. Nous avons réussi à passer avec MG France une première convention qui, sans toucher au fond de la question, était annonciatrice du protocole, des conditions de calendrier et des contenus d'une négociation plus générale à ouvrir. Dans deux domaines, cliniques privées et radiologues, nous avons réalisé au bout de deux ans près de dix milliards d'économie. Ce qui n'est pas rien. Mon successeur, Edith Cresson, et son ministre des Affaires sociales, Jean-Louis Bianco, ont renoncé à cette approche profession par profession ; peut-être ont-ils pensé qu'elle était trop longue, ce qui est indéniable. Ils étaient dans l'urgence, sous la pression d'un président de la République qui, comme il me l'avait dit et continuait de l'affirmer, souhaitait, concernant la Sécurité sociale, du brutal, du spectaculaire et du rapide. Ce qui est par essence incompatible avec la Sécurité sociale… Edith Cresson a renoué avec les grandes conférences qui ne servent à rien car, pour le malheur de notre société, jamais les professions médicales n'ont pu se doter d'une organisation collective capable d'être respectée et de faire des choix, de passer des compromis entre les intérêts lorsqu'ils sont contradictoires, et d'être cependant obéie.

Les proclamations de la CSMF, notamment, se résumaient la somme des intérêts corporatistes accumulés de toutes les professions, sans aucune transaction imposée. Pour cette raison, elles n'ouvraient aucune issue. Alain Juppé a adopté la même technique et a pareillement échoué. Si bien qu'on en revient à la méthode que j'avais préconisée, profession par profession. Le ministère de la Santé reprend aujourd'hui cette procédure, à mon avis la seule possible et que j'ai quelque fierté à avoir inventée. Dans ce domaine, on a fait du déminage. Je ne dis pas qu'on a supprimé toutes les bombes à retardement, comme pour les retraites du régime général, mais la France est en train d'apprendre à négocier.

— *Vous venez de le rappeler, François Mitterrand vous critiquait abondamment, vous accusant d'immobilisme. Ces critiques étant largement diffusées par l'Elysée. Face à ce feu roulant, vous avez adopté, comme vous l'aviez pratiquement décidé dès le début de votre nomination à Matignon, la stratégie du silence.*

— Je ne voulais pas ouvrir de conflit public avec le président de la République. La raison principale, c'est que ma manière de travailler, dont je continue à penser qu'elle était bonne, a produit d'importants résultats. La France a appris une méthode de réforme, assaini ses retraites, commencé de s'attaquer au problème de l'assurance-maladie. Si l'on ajoute à cela le RMI et la CSG qui a couronné cet édifice, on parlera sans doute de la réforme de l'Etat. Cette manière de faire, qui suppose la négociation, une approche extrêmement technique et un traitement des problèmes dans les détails, était la bonne, mais exigeait beaucoup de temps. Il me fallait donc préserver ce temps. Par conséquent, je me suis délibérément abstenu de toute riposte, de toute réponse aux critiques qui m'étaient adressées, de manière à ne pas créer une situation de conflit qu'il aurait fallu trancher par mon départ.

— *Est-ce que cela voulait dire que, y compris dans vos conversations à huis clos, vous adoptiez un profil bas ?*

— A huis clos, non. Il y a eu des propos durs, les plus durs touchant à la gestion des entreprises publiques industrielles ainsi qu'au problème des nominations. Sur ces deux points, nous avons eu des conflits dans lesquels aucun de nous ne faisait de cadeau. Cela s'arbitrait en fonction des rapports de forces du moment, et nous nous sommes fait des concessions mutuelles. Les attaques sur la Sécurité sociale sont venues très tardivement. Elle a longtemps été équilibrée grâce à la croissance et à la diminution du chômage. Ce n'est qu'à la fin de cette période, avec l'arrivée de la crise économique, que nous avons vu poindre un déficit de la Sécurité sociale, de l'ordre de quatre à cinq milliards en 1989.

Le déficit de l'Etat nous souciait davantage. Il était fixé, dans la loi de finances 1988 Chirac-Balladur, à cent trente-cinq milliards de francs. Je l'ai exécuté au milliard près. En 1989, j'ai réduit le déficit à cent quinze milliards, qui vont être également exécutés au milliard près. Pour 1990, le déficit était encore réduit à cent milliards de francs, et nous le respectons, et en 1991, à quatre-vingt-dix milliards de francs. Nous aurons alors quatre milliards de dérapage dans l'exécution en raison du début de la crise. J'ai quitté mes fonctions en 1991, la semaine où l'on donnait les premières consignes pour la préparation du budget de 1992, et j'avais fixé comme objectif de diminuer le déficit à quatre-vingts milliards de francs. Cela n'a pas empêché mon ancien camarade de promotion, Jacques Chirac, de dire, un an et demi après, que j'avais vidé les caisses de l'Etat. C'est une anecdote médiatique formidable. Après la performance que je viens de vous citer, j'étais naturellement assez fier de ma gestion. Les douze ou quatorze milliards du déficit de la Sécurité sociale représentaient à peine 10 ou 11 % du déficit de l'Etat. C'était totalement gérable, et cela nous laissait le temps de travailler.

Après la déclaration de Chirac, j'ai reçu naturellement des demandes de commentaires de la part des chaînes de télévision, des radios et de la presse écrite. C'était tellement gros que j'avais l'intention de répondre sur toutes les antennes. Mais dans notre système, l'opinion publique n'a plus confiance dans les hommes politiques. La presse perd sa fonction d'énoncer des faits et des chiffres justes et préfère organiser du spectacle et mettre en scène les combats. J'ai répondu que je donnerais tous mes commentaires aux médias qui auraient publié la séquence des chiffres telle qu'elle figurait au *Journal officiel.* Pas question de demeurer dans des évaluations incertaines, de traiter de données aussi aléatoires, que le pourcentage de pauvres ou des marginaux, à trois cent mille près. Le budget de l'Etat est arrêté au franc près. Cela représente maintenant quelque mille cinq cents milliards, mais cela se termine au centime près. Tous ces chiffres sont publiés au *Journal officiel* de la République. Aucun média n'a accepté. Ils préféraient voir une belle empoignade Rocard-Chirac. Ils négligeaient le fait que quand un homme politique cite un chiffre, tout le monde le croît douteux ou partial, sinon mensonger. Je n'ai donc jamais démenti publiquement la phrase de Jacques Chirac. Il reste que j'ai, je crois, géré sérieusement les finances du pays.

— *Parmi les conflits que vous avez eus avec François Mitterrand sur la politique industrielle, il y a eu Renault.*

— Il y a eu Renault, il y a eu la Poste et les Télécommunications, il y a eu Air France. Le cas de Renault était terrible, pour moi. Les parts de marché de Renault baissaient en France comme à l'exportation. A l'époque, Renault était une entreprise de taille moyenne. Le pronostic sur le marché mondial de l'automobile voulait que d'une quinzaine de constructeurs dans le monde, y compris ceux du Brésil, on passe rapidement à quatre ou cinq. Un ou deux japonais, un ou deux américains et puis, qui d'autre ? Resterait-il un groupe européen ? Fiat était le plus gros, mais pas le mieux portant. Mercedes était puissant. L'idée que la vie de Renault (comme Peugeot, d'ailleurs, mais Peugeot était privé, c'est aux actionnaires de prendre leurs responsabilités) était menacée dans les quinze ou vingt ans à venir était une évidence. Bien partagée, d'ailleurs, par son P-DG, mon ami Raymond Lévy. Un beau jour, Raymond Lévy débarque dans mon bureau, et me dit : « La situation de Renault n'est plus tenable très longtemps : nous perdons des parts de marché, nous manquons de puissance, nous manquons de force de frappe, pour construire un avenir financier, ouvrir de nouvelles unités, lancer de nouveaux modèles à plein rendement. Je suis sur un projet, mais Renault est nationalisé, vous êtes mon actionnaire principal, je ne peux travailler qu'avec votre accord. Je voudrais organiser une fusion Renault-Volvo. » Je lui demande si une entreprise privée serait prête à fusionner avec lui. « Oui, répond R. Levy, mais justement, il y a des conditions. » Je comprends tout : l'idée était géniale. Volvo était beaucoup plus petite que Renault dans le secteur automobile, mais avec une réputation méritée de qualité. En revanche, Volvo était plus fort que Renault dans le domaine des véhicules industriels. Il y avait une bonne complémentarité, une harmonisation possible, et la taille des deux entreprises correspondait. C'était symboliquement moins difficile à faire avaler qu'une alliance avec un constructeur américain ou japonais. Renault vient de racheter Nissan, mais c'est récent. A l'époque ce n'était pas imaginable, d'autant que Renault n'était pas en état de racheter qui que ce soit. S'allier avec un allemand en raison de la vieille rivalité qui nous oppose et qui devenait une concurrence économique, ce n'était pas pensable. Ce qui m'a amené à faire connaissance du P-DG de Volvo, à l'époque, Per Gyllenhamar, qui est demeuré l'un de mes amis. Nous réalisons un montage, mais il fallait une loi pour qu'une entreprise privée puisse entrer dans le capital de Renault ; il fallait même une loi pour changer la structure de la régie.

Selon le montage, on créait deux grandes sociétés filiales, deux principales – il y en avait quelques autres, mais pour des annexes, des produits de diversification – une grande filiale poids lourds à majorité Volvo et minorité Renault, une filiale voitures, à majorité Renault et minorité Volvo, avec un conseil d'administration de la société holding intégrée. Je vais présenter le projet au président de la République, qui me dit après réflexion : « Je n'aime pas ce projet. » Je rétorque : « Monsieur le président de la République, la question qui se pose, c'est de savoir si vous tenez absolument sous votre mandat à assister à la faillite de Renault. » « Ah, vous croyez que nous en sommes là », dit-il. « J'en suis sûr, ai-je répondu, ce n'est qu'une affaire de délai. » Il a alors consulté ses collaborateurs pendant une semaine et à la réunion du mercredi suivant, il m'a dit : « Il n'en est pas question, je ne veux pas de ce projet, même si nous sommes, à la fin des fins, obligés de faire quelque chose en direction de Volvo. Renault ce sont des voitures, vous créez un système dans lequel ce qui s'appellera principalement Renault n'est qu'un conseil d'administration creux, celui d'une holding où il y aura trois employés, dont deux secrétaires et un petit bureaucrate. Où sont les voitures ? C'est une filiale anonyme. Renault, ce sont des voitures. On fait, on rebâtit un empire industriel à la taille du monde moderne autour des voitures, société principale. » « Bien, monsieur le président de la République. » Derrière tout cela, il y avait six mois de travail d'experts, des évaluations de la valeur des actifs mutuels et contrôlés, des conseils en matière de fusion. Et il s'agissait au total d'environ quatre-vingt mille salariés pour les deux entreprises.

— *Vous voulez dire que du côté de F. Mitterrand, il n'y a pas en une semaine la même somme de travail…*

— Les grandes décisions politiques sont prises quand la technique est instruite. C'est oui ou non. Il a dit non. C'était sa prérogative et son droit. Il a jugé sur les symboles. Rappelez-vous aussi que sa *Lettre à tous les Français*, pour sa réélection, incluait en matière de propriété publique l'édiction du fameux « ni, ni ». Plus de nouvelles nationalisations, ni de privatisations. Or, le système comportait un début de privatisation partiel de Renault, même si c'était sur le dos d'une seule entreprise.

La volonté du Président aboutissait à un système un peu bancal, mais on a défini une société automobile principale, dans laquelle entrait Volvo, les camions devenant une société filiale à l'équilibre différent. Je lui repropose la chose, il hésite à nouveau, consulte ses collaborateurs. J'avais la chance que la totalité de ses collaborateurs, qu'ils soient ou non mes amis personnels, s'accordent sur le fait qu'il y avait urgence et qu'il fallait réaliser une opération de cette nature. Et nous tombons d'accord. J'ai un feu orange, comme on dit en matière de circulation. Je relance donc le dispositif, et nous prenons date pour un conseil des ministres. Nous sommes fin 1989, début 1990. Il faut savoir qu'un feu orange chez François Mitterrand était un feu qui n'était pas rouge. Ce n'était pas une interdiction. Mais ce n'était pas franchement vert, c'est-à-dire : je regarderai le détail, j'ai mes réserves, mais vous pouvez continuer à instruire le dossier et m'en reparler.

— *Cela veut dire aussi : si cela se passe mal, ne comptez pas vous servir d'une bénédiction de ma part ?*

— C'était évident depuis le début. Mais il y avait longtemps que je me passais de son approbation enthousiaste. Quand il s'est agi de traiter du dossier de la Nouvelle-Calédonie, je ne l'ai pas beaucoup consulté, sauf sur le point du référendum.

Nous prenons date pour un conseil des ministres, de manière à faire adopter le projet de loi qui devait changer les statuts de la régie Renault et rendre l'affaire possible. Parallèlement, Per Gyllenhamar convoque à Amsterdam, en terrain neutre, ce qui était une grande première, un conseil d'administration international de l'entreprise Volvo, à 15 heures le même jour. J'arrive chez le président de la République, comme chaque mercredi, vers neuf heures et quart, le conseil étant à dix heures, pour écluser les derniers problèmes, et le Président me dit : « Finalement, j'ai beaucoup réfléchi, je n'accepte pas cette affaire Renault, ce n'est pas possible, je n'en veux pas. D'abord, c'est une atteinte au "ni, ni", une atteinte à la parole que j'ai donnée aux Français ; c'est le début d'une privatisation qui ira plus loin, ce n'est pas admissible. Je retire le projet de loi de l'ordre du jour du conseil des ministres. »

Je me suis donc trouvé dans une situation extrêmement grave. Il était 9 h 30, le conseil d'administration international de Volvo était à 15 heures. Cela représentait une disqualification d'image terrible, mais j'étais entre les mains du président de la République, je n'avais pas de collaborateurs présents à mes côtés. Les seuls à assister au conseil des ministres sont ceux du président de la République, à l'exception du secrétaire général du gouvernement qui est, lui, le collaborateur de la République, de toute l'institution, mais pas personnellement du Président et encore moins du Premier ministre. Etait également présent le secrétaire général de l'Elysée, Jean-Louis Bianco. Il me fallait trouver un moyen. Je n'avais plus accès au téléphone. Je devais prévenir mon directeur de cabinet, Jean-Paul Huchon, et faire immédiatement annuler l'affaire. J'ai pu avoir un petit aparté avec le secrétaire général du gouvernement, Renaud Denoix de Saint-Marc, un homme de grande confiance, aujourd'hui vice-président du Conseil d'Etat, en arrivant dans la salle du conseil des ministres. Et je lui ai dit : « J'ai une supplique. Il faut tout de suite appeler mon directeur de cabinet et lui dire que le projet chaud du conseil des ministres est retiré de l'ordre du jour», sans plus et sans même citer Renault. Ce que Denoix de Saint-Marc a fait, il en a vu d'autres. Jean-Paul Huchon comprend, envoie un télégramme à Per Gyllenhamar, qui reçoit la nouvelle vers 10 h 15 et réussit à annuler, prétextant de fausses raisons de maladie, le conseil d'administration international de Volvo sans donner de raison et sans que quiconque ne pose de question. Aucun journaliste de la presse économique et financière de l'époque n'en a rien su.

Huit jours après, je reçois Raymond Levy. Décomposé, il me dit : «Je baisse les bras, j'arrête. Renault finira comme on pourra. Nous ne sommes pas de taille dans ce monde. Le président de la République prend une responsabilité écrasante. Moi je n'ose plus. En plus, je me ridiculise auprès de mes collaborateurs. Il y a tout de même trois cents personnes qui travaillent sur ces dossiers dans la maison. Je viens vous dire qu'il faut arrêter toute tentative.» Je lui réponds : «Pas question, c'est tellement nécessaire, tellement évident, une question d'intérêt national.» Je glisse que je voudrais bien en parler avec Per Gyllenhamar : Raymond Levy me dit : «Je viens de l'inviter à venir passer le prochain week-end dans ma famille, dans ma maison de campagne, près de Paris, pour consoler nos espoirs, l'assurer de mon amitié, mais lui dire que je renonce.» Je lui dis alors : «Vous tombez bien, c'est un des rares week-ends où je n'ai rien, pas de conférence, pas de manifestation, pas de voyage en province. Je suis chez moi. Voilà mon numéro de téléphone personnel. Je gage que pendant le dîner, vous allez m'appeler.»

Cela n'a pas raté. R. Levy me rappelle à 22 heures. « Vous avez raison, Per Gyllenhamar et moi-même voudrions bien vous voir. » Et ils arrivent, comme des voleurs, rasant les murs, un samedi soir à 22 heures à mon domicile privé. Personne n'en sait rien. Et le complot est reparti. Nous avons tous les deux, Per Gyllenhamar et moi-même, regonflé ce cher R. Levy qui, au fond, ne demandait pas mieux. Et nous avons refait un troisième projet. Pendant ce temps-là, les collaborateurs de François Mitterrand concernés par le dossier ont compris qu'on préparait, en cas d'inaction, une nouvelle sidérurgie, un nouveau drame. Or, Renault était un symbole plus fort que celui de l'acier. Il incarnait une histoire ouvrière. Nous savions que ce projet ne verrait pas le jour sous mon gouvernement. Je me battais pour huit, dix ans après. Mais à terme, l'effondrement ou le rachat final par d'autres était fatal. Les collaborateurs de François Mitterrand étaient tous intelligents et fort bien informés, ils savaient lire les chiffres, évaluer les parts de marché et leurs évolutions. La troisième fois, nous avons donc réussi. Le scénario fut presque le même pour la Poste et pour France Telecom, vous savez. Il a fallu des nationalistes suédois bornés pour, en Suède, trois ans après, casser ce projet. Et dix ans après Volvo Trucks vient de fusionner avec Renault Véhicules Industriels. Difficile d'avoir plus évidemment raison!

— *Parmi les réformes que vous regrettez de ne pas avoir poussé plus avant, figure celle de la Fonction publique. Je me rappelle une mesure que vous aviez prise, qui a été perçue par les fonctionnaires comme révolutionnaire. C'était de les obliger à faire connaître leur nom à l'usager. Mais cela ne s'est jamais fait pendant que vous étiez Premier ministre, tellement les résistances étaient fortes.*

— Cela commence à se pratiquer. Vous en voyez de plus en plus maintenant. Dans certains services, des fonctionnaires ont eu à cœur de le faire, y compris à l'époque où j'étais Premier ministre. Votre exemple est joli, car il est symbolique. La perspective que j'avais en tête ne concernait pas uniquement la réforme de la Fonction publique. La Fonction publique, c'est tout un corps de gens qui servent l'Etat et qui ont un statut. C'est l'ensemble des procédures de l'Etat lui-même que j'entendais réformer. Dans le langage ambiant, on appelle cela la réforme de l'Etat. J'ai voulu donner une inflexion un peu différente, en parlant de renouveau du service public.

Il s'agit d'une affaire tentaculaire. De nouveau, nous nous trouvions aux prises avec un problème de méthode. Quand on parle de ces choses, la plupart des gens, y compris le président de la République, d'ailleurs, rêvent de réforme. Une cathédrale réformatrice, un monument législatif, qui occuperait le Parlement pendant trois mois, sur lequel on se disputerait, et qu'on voterait à une majorité courte. On aura réformé l'Etat. J'ai une seule question : « Le caractère souriant ou grincheux d'un fonctionnaire derrière un guichet dépend-il d'une réforme législative ? » Le fait de voir les fonctionnaires traiter avec célérité une demande d'allocation ou un permis de construire dépend-il seulement de la loi ? Ajoutons à cela les procédures. Les pièces de Courteline regorgent d'anecdotes humoristiques. L'une d'elles évoque les gaspillages budgétaires. C'est l'histoire du camion militaire qui tourne tous les jours dans la cour pendant des heures et des heures au mois de décembre, histoire de consommer les dotations de carburant, pour qu'au 31 décembre, au bilan, on constate qu'on a tout épongé, et qu'il faut donc allouer justement la même quantité de carburant pour l'année budgétaire suivante. Je voulais casser cette idée d'une réforme de l'Etat : un beau texte de loi qui fait tout, cela n'existe pas. Je souhaitais instaurer une certaine fluidité, donner aux fonctionnaires de véritables espérances de carrière, du plaisir à travailler à travers un respect de leur environnement technique, des bureaux ergonomiques, une qualité de l'ameublement de travail, etc. Faciliter les carrières, cela signifiait franchir les barrages de qualification. Eviter les gaspillages, cela voulait dire globaliser les crédits de l'Etat, pour ne plus avoir l'image des militaires consommant l'essence dans les casernes. Il y a aussi le cas de ces administrations qui, surchargées de travail, n'ont aucun crédit pour embaucher des dactylos, lesquelles deviendraient fonctionnaires, mais peuvent sous-traiter à l'extérieur, quatre fois plus cher, les travaux qu'elles n'ont pas pu faire. Certes, c'est quatre fois plus cher, mais cela s'impute sur une autre ligne budgétaire. Lorsqu'une université s'offre le luxe d'inviter un étranger comme professeur associé, pour bénéficier de son lustre et de son savoir, il est fréquent qu'on mette huit mois à lui assurer sa première rémunération. Il emprunte pendant ce temps-là, mais il n'aura pas le remboursement des taux d'intérêt qu'il a payés. La réforme de l'Etat, c'est tout cela à la fois.

Nous avons donc attaqué sur tous les fronts. La pièce principale, c'était la remise en cause de la cathédrale, ce qui supposait une attitude d'irrespect total. Le général de Gaulle en 1944-1945 avait un gouvernement d'hommes d'une extrême énergie. Il a eu un très bon ministre du Travail, des Affaires sociales et de la Fonction publique, Alexandre Parodi, qui a recréé toute la grille de rémunération des fonctionnaires, avec ce que cela suppose comme équivalences. C'est la grille Parodi, qui comprend la définition des postes et des fonctions et date de 1946. Personne n'a osé y toucher depuis. Il y a plus d'un million de personnes qui relèvent de la seule Education nationale et quelque cinq cent mille de la Poste. Cela veut dire que les fonctionnaires classiques de l'Etat sont un petit million, dès qu'on enlève les enseignants et les grands services. Il fallait donc poser le problème de la rémunération de ces deux millions et demi de fonctionnaires. L'Etat avait bricolé, en rajoutant quantité de primes totalement opaques, que personne ne connaissait – certaines mêmes étant hors impôts – ce qui faussait le jeu des équivalences et rendait les uns et les autres jaloux, aigris et méchants. Naturellement, les Finances martyrisaient ceux qui n'appartenaient pas à leur secteur, notamment les plus importants numériquement comme l'Education nationale : le taux de prime d'un professeur représentait 10 % de celui d'un fonctionnaire de l'administration des Finances.

J'avais un très bon ministre de la Fonction publique, Michel Durafour. Cet homme, qui n'a pas eu un grand crédit dans l'opinion publique, et qu'on a toujours un peu sous-estimé, s'est révélé un négociateur hors pair et un orateur talentueux devant le Parlement. Il connaissait ses dossiers avec une précision extrême. Il a ouvert à ma demande des négociations avec les personnels de l'Etat syndiqués, pour réformer la grille Parodi, la rémunération de la Fonction publique. Tout le monde m'a pris à parti. Le Président m'a formellement critiqué : « Vous êtes irresponsable de vous attaquer à cela. Ce sera un échec cinglant. Vous le payerez de votre réputation. » Ma réponse fut : « En effet, je ne sais pas si je vais y arriver. C'est un tel monument. Mais ce que je sais, c'est qu'il n'y a pas de réforme de l'Etat et de la Fonction publique qui ne passe par cette espèce de clé de déverrouillage. » Et nous y sommes arrivés.

Ce fut une négociation éperdue qui a pris cinq ou six semaines. J'ai vu Michel Durafour, quelquefois épuisé, dans mon bureau, venant implorer du soutien, mais il a tenu bon. Il faut dire que dans la Fonction publique, il y avait au moins une cinquantaine de nouveaux métiers, comme celui d'informaticien, par exemple, qui n'étaient pas répertoriés dans la grille Parodi. Tout ce travail était à faire, et nous l'avons accompli avec un triple résultat. Le premier était d'instaurer une grande flexibilité de la grille. Le second visait à améliorer le niveau de transparence entre les corps, et à diminuer l'importance relative des primes cachées. Le troisième portait atteinte à une vache sacrée. Le bon principe, c'est qu'il faut réformer tous les quinze ou vingt ans parce que la société change. Il faut rendre réformables les choses avant de penser qu'une réforme hors normes mettra fin au besoin de réformer une fois pour toutes, ce qui est par définition idiot. Nous avons réussi cela, avec la réforme de la grille des salaires, qui s'est limitée à une pure négociation contractuelle sans travail législatif derrière, mis à part quelques modifications mineures.

Second aspect, j'ai pris également, par décret, une décision considérable concernant la globalisation en plusieurs étapes de tous les frais de fonctionnement de l'Etat. Fini le temps des administrations qui sous-traitent à l'extérieur ce qu'elles ne peuvent pas faire en interne. Finie la consommation d'essence inutile. On reverse le crédit d'essence sur le téléphone, celui du téléphone sur le chauffage, celui du chauffage sur l'équipement des bureaux… Le plus comique veut que j'ai découvert quatre ans après, dans une ambassade où je passais Noël, chez un de mes amis, qu'au Quai d'Orsay, on avait maintenu par circulaire, c'est-à-dire sans fondement légal, cet empoisonnement de la vie des chefs de poste n'autorisant le transfert de crédit de poste à poste qu'avec l'accord des services du ministère. Pourquoi ? Parce qu'un petit fonctionnaire de l'Administration centrale avait jugé nécessaire de préserver son pouvoir, même quand l'Etat le lui avait interdit. Cela prouve que même lorsqu'une réforme est décidée, publiée au *Journal officiel*, il faut des années pour que tout le monde accepte de l'appliquer. La circulaire était interne, non opposable au tiers, mais bien entendu opposable au fonctionnaire.

Nous nous sommes également attachés à responsabiliser l'ensemble des fonctionnaires. J'avais abordé tous ces problèmes avec un principe dans la tête : pas de loi.

Prenons l'exemple de la loi « Sécurité et liberté » d'Alain Peyrefitte, tellement difficile à voter et tellement sèche qu'elle a été abrogée avant d'entrer en application – ce que personne ne sait. Dès qu'il y a loi, il y a appel au symbolique. Or, autant on peut négocier, élaborer des compromis sur des intérêts, autant on ne peut transiger sur des symboles. On les préserve ou on en change. Légiférer implique de payer un prix symbolique, qui, très souvent, a son coût de sottise ou d'excès.

Dans l'ensemble des lois que la France vote – environ une centaine par an au Parlement –, il y a trois paquets inégaux. Celui des lois où une majorité impose brutalement sa volonté à une minorité : un beau combat, frontal, le refus des amendements, de la négociation ; la loi est votée à 51 ou 52 % des voix. La plupart de celles-là sont abolies dans les législatures suivantes, sinon au cours de la même parce qu'une loi trop conflictuelle n'est pas acceptée par le corps social. Il y a un second ensemble, celui des lois sans suite. Quantité de lois mal faites, trop complexes, dont les décrets d'application sont infaisables, ne sortent pas. Qui s'ensablent parce que la volonté politique était insuffisamment précise ou claire, mal adaptée à la technique, parce que l'Administration a rechigné, mal préparé la loi, que les combats interparlementaires ont amené des échanges d'amendements non compatibles ou contradictoires. Enfin il y a les lois qu'on arrive effectivement à appliquer. Cela représente un gros tiers des lois votées chaque année. Les lois qui font souches sont celles qui ont été délibérées longtemps, beaucoup amendées, et, en général, votées à une majorité beaucoup plus large que la majorité politique qui en a proposé l'idée.

L'exemple type, ce sont nos lois de décentralisation. D'une certaine façon, c'est aussi le cas du RMI. L'exception, c'est la CSG : combat violent; mais la droite démagogue a eu tort de dénoncer une grande loi d'Etat. La loi a subsisté. Je ne voulais donc pas prendre le risque de la loi pour la réforme, pour le renouveau du service public, craignant de payer trop fort le prix du symbolique. De plus, il faut garder à l'esprit que la France est peu apte à la négociation sociale en raison de ses syndicats, trop divisés depuis toujours. La force syndicale ne s'exerce qu'au sommet, là où il y a la direction, là où sont aussi les médias. En revanche, aux étages intermédiaires, il n'y a pratiquement personne. Responsabiliser les autorités intermédiaires et les autorités locales de la Fonction publique, c'est rencontrer un partenaire syndical faible. Je savais que si j'y allais frontalement et publiquement, j'échouerai. Il fallait donc éviter la loi et passer par décret.

Pour responsabiliser les administrations et les agents publics, et ne pas toucher aux vaches sacrées, nous avons inventé le concept de « centre de responsabilité ». Un centre de responsabilité, c'est tout et n'importe quoi : un hôpital dans son ensemble ou deux départements d'un hôpital, mais aussi bien une préfecture ou deux divisions de la préfecture, une ambassade, une direction d'Administration centrale, un laboratoire public, bref des unités administratives qui décident qu'ils pourraient rendre le service qu'ils assurent à la nation et aux administrés dans de meilleures conditions, si on leur laissait faire quelques investissements. Le cas le plus fréquent concerne les économies de personnel. On économiserait vingt-cinq ou trente personnes si on avait deux informaticiens et quatre ordinateurs à la place. Mais cela nécessite l'accord de Paris. Et commence alors la course d'obstacles que personne n'ose affronter. L'idée, à la suite de l'accord que nous avons passé, consistait à dire si vous faites bien votre travail, l'Etat vous rétrocédera un pourcentage à discuter, entre 20 et 50 %, de l'économie réalisée sur la dépense publique. L'argent ainsi gagné pourra être affecté au renouvellement de matériel, à l'achat de matériel plus ergonomique, comme on dit, pour assurer plus de confort au travail, à l'ouverture d'un nouveau service rendu au public, à n'importe quoi. Voilà ce qu'est un centre de responsabilité, défini à partir de l'accord d'une unité administrative quelconque avec la Direction du budget.

Cela, lié à la globalisation des crédits de fonctionnement, donnait à tous les chefs d'unités administratives dans la Fonction publique des pouvoirs nouveaux. Et nous y avons ajouté une autre dimension, qui était celle du projet de service, notion héritée du secteur privé mais que j'ai eu du mal à faire accepter dans la Fonction publique. C'est le projet d'entreprise et même le cercle de qualité. La condition première, c'est de collecter l'intelligence de tout le monde. Nous avions fait l'expérience dans ma mairie, avant que je ne sois Premier ministre. Je me souviens en effet qu'une des commissions les plus productives d'idées avait été celle dont le secrétaire était le concierge de la mairie. Personne n'avait compris que ce concierge puisse étudier les faits et gestes, les mouvements, avec autant d'intelligence et émettre de ce fait des suggestions aussi pertinentes. De même à la commission de sécurité de l'ensemble des bâtiments publics, le secrétaire était un caporal pompier qui fut une révélation pour son chef de corps et s'est révélé génial dans l'invention de choses auxquelles une direction ne pense jamais, parce que seuls peuvent y songer ceux qui effectuent la tâche.

Le concept de projet de service n'était pas mal reçu dans la Fonction publique. Et, j'ai une vraie joie à le dire, mon ami Lionel Jospin, alors numéro deux du gouvernement et ministre de l'Education nationale, a incorporé cette notion dans le système éducatif, où elle est devenue le concept de projet d'établissement. Or, dans le système éducatif, l'un des drames, c'est la mésentente absolument permanente entre les directions et le syndicalisme enseignant, qui est demeuré longtemps sur des positions que je qualifierais de quantitatives. Celles-ci consistaient à dire : les professeurs sont bons, au besoin, recrutons-les au mieux, en leur donnant une meilleure formation. Une fois qu'ils seront bien payés, que les salles seront chauffées, qu'il y aura assez de crédits pour le matériel pédagogique, tout se passera bien. Le problème réside à leurs yeux dans le fait que l'Etat ne paie pas assez. Faites-le, disaient-ils, et chaque professeur dans sa classe vous fera des établissements scolaires parfaits. Ce qui est faux. Tout le monde sait bien que l'on parle d'un bon ou d'un mauvais lycée, beaucoup plus que de tel ou tel professeur. Personne n'ignore qu'il existe une atmosphère d'établissement, mais personne ne le reconnaît. Nous avions besoin pour faciliter la réforme, et l'évolution de l'Education nationale, de casser ce blocage du quantitatif, cette idée que seul compte l'argent. Dans la vie de l'Education nationale, depuis la réforme Haby jusqu'à aujourd'hui, le concept de projet d'établissement est celui qui aura fait le plus bouger notre système scolaire. Là encore il faut à l'Education nationale des routines efficaces, de bonnes procédures, et point trop de réformes. Grâce au concept de projet d'établissement, nous avons fait apparaître incidemment le second concept, celui d'équipe pédagogique. On a ainsi mobilisé l'ensemble des professeurs, réveillé tout le système. Le corps enseignant y a retrouvé une partie de sa dignité. C'est un produit Jospin-Rocard, si j'ose dire, de l'application du projet général de renouveau du service public.

Et il y a même pire, je vais aller jusqu'au bout, les textes existent, les décrets sont pris, et pour décrire ce dont il s'agit, je choisirai le mot provocateur, que je n'ai jamais employé en public jusqu'à aujourd'hui : j'ai introduit l'intéressement dans la Fonction publique. L'intéressement c'est l'association des salariés, par la collaboration de classes, au bénéfice du capital. Là, il n'y a pas de capital. Reste que jamais – et la fonction publique remonte en gros à Philippe Le Bel – les fonctionnaires n'ont été associés au résultat positif de leur action. Si j'avais parlé d'intéressement, j'aurais eu trois cent mille militants cégétistes dans la rue le lendemain : je portais atteinte à la vache sacrée principale. Cela devenait de la collaboration de classes. Il ne fallait pas prendre ce risque. Nous avons donc décoré cette innovation du mot imprononçable de « retour collectif de modernisation ». Dans les contrats de responsabilité que j'évoquais, l'unité administrative qui a fait de très éminents progrès de productivité peut très bien à cette occasion verser une prime, voire des primes régulières, sur résultats, à son personnel, que le budget de l'Etat enregistre ensuite. Personne ne sait tout cela. Ces réformes ne seraient pas passées si j'avais annoncé mes intentions au départ, si l'on avait vu jusqu'où cela menait. Cela figure maintenant dans les textes réglementaires de la République. Les fonctionnaires d'autorité curieux et malins, qui lisent les circulaires et les décrets qui les régissent, eux, le savent. Les outils d'une responsabilisation croissante de nos fonctionnaires d'autorité existent maintenant dans la machine de l'Etat. Ils sont encore très peu employés, mais sont porteurs d'un immense avenir.

— *France Telecom et la Poste me paraissent être le type d'une réforme à la fois du service public et d'un changement de statut parfaitement réussie et peu spectaculaire.*

— C'est le cas. Les deux maisons sont jumelles. A elles deux, elles représentent cinq cent mille salariés, deux fois la SNCF. Lorsque je suis devenu Premier ministre, cela s'appelait encore le ministère des Postes et Télécommunications. C'était une administration d'Etat, les exécutants étaient des fonctionnaires. Ils n'avaient pas le droit d'effectuer des prestations de commerce. Les entreprises n'avaient aucun rapport avec le marché et avaient même toutes les peines du monde à se procurer les éléments d'innovation technique, en circulation sur les marchés mondiaux. Les progrès techniques allaient très vite, devenaient très menaçants. On se dirigeait au sein de ces entreprises vers des dégagements de personnels considérables, affaiblissant les deux maisons. Or, depuis des siècles – la Poste remonte à Louis XI – cette ancienne maison avait cultivé une technicité extraordinaire. La Poste, comme les Télécommunications, à l'époque, étaient déjà parmi les plus performantes au monde. Autrement dit, on pouvait avoir comme perspective que ces entreprises puissent non seulement gagner de l'argent, mais préserver beaucoup d'emplois en rachetant, pour les moderniser, des postes et des systèmes de télécommunications dans des pays moins avancés soit en envoyant une partie de leurs personnels sur des chantiers extérieurs. A condition donc d'avoir une vie d'entreprise. Le statut de la fonction publique qui les régissait étant d'une totale rigidité, c'était impossible. J'en discutais avec le ministre concerné, Paul Quilès. C'est un homme de grande rectitude, très droit et assez dur. C'était un ami du président de la République, qui n'était pas des miens en termes tactique ou politique, mais j'avais confiance dans son savoir-faire. Il avait, je pense, confiance dans le mien.

Nous échangeons quelques propos et convenons de préparer un changement de statut remplaçant cette administration d'Etat bipolaire par deux grandes sociétés de droit privé, mais à capitaux d'Etat. Nous lançons la procédure, elle s'amorce une réflexion interne à la grande maison, conduite par Paul Quilès.

Tout le monde est immédiatement au courant; colère cégétiste, inquiétude des autres syndicats, et fureur au sein du gouvernement. Le numéro deux de mon gouvernement, Lionel Jospin, déclare alors : « Vous n'allez tout de même pas privatiser, pas question. A service public, capitaux d'Etat. » Il dira aussi : « Tu abaisses une barrière. Je ne veux pas de ça. » Ces phrases sont devenues publiques et ont constitué l'un des enjeux du débat. J'avais contre moi la majorité du groupe parlementaire et du gouvernement. Le président de la République consulté me dit que j'allais m'y casser les dents et qu'il désapprouvait mon initiative. Paul Quilès était sur le point d'abandonner. Nous sommes en 1988-1989, au début de mon mandat. Je dis à Paul : « Nous ne sommes plus en IVe République. Tu ne peux pas renvoyer le bébé aux gouvernements qui nous succéderont. Nous sommes là pour longtemps. Ces deux entreprises sont dans une impasse économique, comme Renault. Si l'on ne s'insère pas dans l'aventure d'une vie internationale forte, cela se traduira par un dégagement de personnel sec, brutal et abondant, ce n'est pas tenable. Les Postes et France Telecom vivront plus longtemps que nous, ministre et Premier ministre. Mais moi, depuis un banc de l'opposition, quand arrivera la catastrophe, je dirai pourquoi. Tu n'es pas seul en cause, mais je n'accepte pas que mes responsabilités n'incluent pas le fait d'assainir ces deux entreprises. » Et je vois Paul

Quilès, qui était un homme de courage, hésiter. Après cette conversation musclée, il accepta de se remettre au travail.

C'est là que survient une idée plutôt géniale, inspirée de notre manière générale de traiter les problèmes sociaux, c'est-à-dire négocier et s'expliquer. Il va nommer un de mes vieux amis, Hubert Prevot, ex-commissaire au Plan, chef de la mission chargée de préparer l'évolution de l'administration des Postes et Télécommunications. Celui-ci, avec mon chaud soutien, apporte dans sa besace plus d'un milliard de francs de dotation supplémentaire aux PTT pour distribuer quelques primes au personnel. Parallèlement, il lance un processus dans lequel, un peu à la manière du Livre blanc sur les retraites, on attirait l'attention des postiers et des télécommunicants sur l'impasse dans laquelle se trouvent leurs maisons, pour les faire réfléchir sur les moyens d'en sortir.

En dix-huit mois auront lieu dans les postes et les centres téléphoniques, dans les bureaux des télécommunications, plus de cinq ou six mille réunions de postiers, par petits groupes. J'autorise Paul Quilès à affirmer que si le statut va formellement et juridiquement changer, les garanties qu'il comporte seront préservées. Il s'agit d'abord des garanties d'emploi, de carrière et de rémunération. Sans cela le projet ne passait pas. Simplement ces garanties cesseraient d'exister pour les nouveaux arrivants. Nous avions trente ans pour renouveler tout le personnel. Et cela a réussi. Les organisations syndicales ont apprécié cette forme de procédure qui prenait en compte leur avis, même si, prenant conscience des bouleversements qui s'annonçaient, la CGT a décidé de le combattre. Elle lança un appel à la grève générale : il y eut 2,5 % de grévistes. Tout se passa au milieu de ce que j'appellerais une sous-grève, elle, extrêmement forte, celle des camions jaunes, les livreurs de la Poste. C'était une grève corporatiste salariale assez légitime.

Le résultat fut un projet de loi considérable, en 1989, qui fait du ministère des Postes et Télécommunications une petite coquille vide, chargée de la tutelle de deux grandes sociétés nationales, chacune ayant quelques centaines de fonctionnaires, mais guère plus, et crée les deux grandes sociétés anonymes dont 100 % du capital appartient à l'Etat, mais qui sont des sociétés anonymes de droit commun : la Poste et France Telecom.

A partir de ce moment-là, toutes deux ont vécu un essor économique et commercial formidable. L'essentiel des emplois a été conservé, grâce aux activités extérieures. Elles figurent aujourd'hui parmi les tout premiers opérateurs mondiaux. France Telecom a pris le contrôle de compagnies téléphoniques de pays développés, de pays sous-développés, qui privatisaient leurs affaires. La Poste est en train de faire de même, en s'installant sur le créneau du rapide – elle vient de racheter plusieurs transporteurs privés. Je pense qu'elles sont toutes les deux sauvées. Et France Telecom a largement ouvert son capital au privé.

Je voudrais rappeler une anecdote. Nous avons été politiquement secoués, au milieu de tout cela, par une lettre. Un syndicaliste CFDT a écrit à Lionel Jospin : « Mon cher camarade, je viens de lire tes déclarations qui bloquent notre statut. Je comprends très bien que la CGT se soit fait entendre, je voudrais que tu sois conscient que tu nous bouches tout avenir, et que, en parlant de la sorte, tu interdis à la Poste d'évoluer. Or, nous sommes dans une impasse totale, et même nous autres, syndicalistes, nous le savons très bien. Je t'écris en ma qualité de secrétaire général du comité d'entreprise. » Comme il a rendu la lettre publique, cela a fait du bruit. Lionel Jospin a été à la fois impressionné et ému. Car Jospin, c'est d'abord un honnête homme. Il n'est pas dogmatique mais pragmatique, et d'une droiture exemplaire. Là-dessus, il a compris qu'il en avait trop dit ou trop fait. Il nous a donné son accord pour continuer. J'en avais besoin, sa légitimité dans le parti étant plus forte que la mienne.

Je ne pense pas cependant que ce syndicaliste aurait pu écrire cela s'il n'avait pas connu l'intensité de la consultation et combien les personnels avaient été associés à la décision. Sur quantité de points, la loi finale laisse entrevoir les soucis, les craintes, les garanties que les personnels ont exprimés. C'est une belle réforme. Il y a toujours la même clé : elle n'est devenue législative qu'à la fin.

— *Une autre réforme qui a suscité beaucoup de polémique est la réforme de l'orthographe. Quelle urgence vous a poussé à changer la langue française aussi brutalement ?*

— Nous entrons dans le royaume d'Ubu. C'est ce que j'ai fait de plus savoureux, de plus gai, de plus violent, aussi, sans doute, dans ma vie publique. Il ne s'agit pas d'une réforme de la langue française. La langue française est parlée. L'orthographe en est la traduction écrite. D'entrée, il me faut préciser que l'idée de réformer la langue française n'est venue à l'esprit de personne. Non seulement je ne le souhaitais pas, mais c'était contre nos principes. Le problème ne visait que l'orthographe et il s'agit d'une simple rectification et pas d'une réforme. D'autant que le président de la République, mon supérieur hiérarchique, était un écrivain, très sensible à ces choses. Il avait lui-même créé des institutions de défense de la langue française, comme le Haut Conseil de la langue française. Il y avait nommé des amis en qui il avait toute confiance et dont il était assuré qu'ils seraient solidaires d'une défense de notre langue, qui, incidemment, en avait besoin, quitte à discuter des méthodes.

Personne n'a compris mon souci. Pour faire provoquant, c'était la balance des paiements. J'évoquerai d'abord un aspect anecdotique. Chacun découvre quand il achète une nouvelle télévision, une nouvelle chaîne hi-fi, une machine à laver, que les modes d'emploi sont illisibles. Ils sont illisibles car on les traduit grâce à des logiciels informatiques de traduction. Il en va de même quand nous exportons des produits.

Le problème d'une langue, c'est qu'il faut que la culture qu'elle exprime soit riche, rayonnante et donc préservée. J'avais appris un peu par hasard, n'étant pas spécialiste de ces choses, qu'une évolution terrible était en train de se produire. On élaborait de nouveaux instruments culturels. Il y en avait cinq au monde. Il s'agit de grandes bibliothèques capables de stocker l'ensemble du savoir mondial. Il en existe une au Japon, trois ou quatre aux Etats-Unis, dont la bibliothèque du Congrès, et une en Grande-Bretagne. S'y ajoute, aujourd'hui, la Très Grande Bibliothèque, qui n'a pas encore déployé toute sa puissance. Pour stocker des ouvrages en langue française, qu'il s'agisse d'histoire, de sciences ou de littérature, il faut très naturellement traduire le sommaire, donner un résumé, ce qui se fait de plus en plus par ordinateur. On est donc en présence d'un travail industriel sur la langue, particulièrement complexe pour le français en raison de ses bizarreries orthographiques.

Il existe, depuis une douzaine d'années, des débuts de traduction automatique. Les langues à orthographe phonétique s'y prêtent assez bien. C'est le cas de l'allemand, de l'espagnol et de l'italien. Dans le cas du français, rien de tel. Nous avions, lorsque je fus saisi du problème, quelque trois mille mots dont les orthographes n'étaient pas les mêmes selon les dictionnaires, ne serait-ce qu'en raison des changements d'accent. Chaque fois, l'ordinateur devait reconnaître un mot en dépit de l'orthographe différente de celle qu'il possède en mémoire. Il faut pour cela que son logiciel comporte une boucle de rappel, ce qui double le coût du traitement du mot. En second lieu, il n'existe aucune règle pour fixer l'orthographe des mots nouveaux. On invente des centaines, voire des milliers de mots chaque année en pharmacologie, dans les domaines scientifiques et techniques. Des termes tels que « fonctionalisation » ou « fonctionnel » doivent avoir une quinzaine ou une vingtaine d'années et il n'est écrit nulle part s'il faut mettre un « n » ou deux « n ». Dans le doute, les deux écritures coexistent. Le travail industriel sur la langue française coûte donc entre 50 et 70 % plus cher que pour les autres grandes langues européennes, hormis l'anglais, lequel n'est pas très phonétique non plus. Mais tout est fait par rapport à l'anglais. Enfin, si l'on veut vraiment voir s'épanouir la langue française, il faut l'enseigner davantage aux étrangers. Or, les difficultés orthographiques sont vraiment rebutantes.

On m'avertit que près de la moitié de la production française dans le domaine des sciences, de la littérature et de la culture n'était plus stockée dans les savoirs mondiaux. C'est, potentiellement, un désastre pour la présence de notre culture dans le monde entier, alors qu'on apprenait, au même moment, que les Japonais avaient, eux, réussi à avoir un traitement informatique de leur langue, onéreux, certes, mais logique et compétitif, au moins, avec le nôtre. Mais ils sont plus riches que nous.

Devant la nécessité de remplacer mon ami Roger Fajardie qui occupait les fonctions de secrétaire général du Haut Conseil de la langue française, je me suis permis alors d'aborder le président de la République lors de l'une de nos rencontres bi-hebdomadaires : « Il faut un remplaçant à Roger Fajardie. Mais je voulais vous saisir depuis longtemps du fait que j'ai un vrai doute sur notre stratégie de défense de la langue française. Elle ressemble à la ligne Maginot. » On avait, par exemple, reproché à l'Institut Pasteur de publier sa revue la plus spécialisée et la plus scientifique en anglais. Au niveau de scientificité et complexité de ce qui est publié à l'Institut Pasteur, il n'y a que cent vingt Français capables de lire ces textes. En revanche, les découvertes et les travaux de l'Institut sont de première importance pour le monde entier. D'où la nécessité de communiquer. La défense de la langue française est certes une bonne chose, mais pas au point d'interdire, lorsqu'un savoir pointu a besoin d'être connu du monde entier, qu'il soit publié en anglais. Il en va pour les chercheurs de leur carrière et de l'avancement de leurs travaux.

Je dis au président de la République : « Il faut passer d'une stratégie totalement défensive à une stratégie totalement offensive : insister, éveiller la demande de langue française. L'Académie a beaucoup travaillé sur des réformes orthographiques ; ce serait peut-être le moment. En tout cas, cette inversion de la ligne Maginot vers l'offensive doit passer par des spécialistes. » Je lui propose de modifier la structure du Haut Conseil de la langue française, de changer le statut du haut commissaire pour que celui-ci, au lieu d'être une sorte de magistrat de la langue, devienne un délégué du gouvernement et, au-delà des cercles de la culture, fasse sentir son action jusqu'au domaine de l'industrie. Les problèmes d'orthographe, de formation des maîtres, de disciplines dans le système scolaire, les problèmes d'édition, ceux des droits d'auteurs internationaux… le champ à couvrir était immense et l'orthographe n'en était qu'un petit segment. J'insiste auprès du Président sur la nécessaire professionnalisation de ces institutions. Et, ô miracle, probablement parce qu'il n'avait pas dans la tête de nouveau candidat pour succéder à Roger Fajardie – il faut dire que j'avais fait vite, ce dernier n'était pas mort depuis huit jours que je tenais cette conversation au Président – il me donne son accord.

Nous avons débaptisé le Haut Conseil pour en faire simplement un Conseil supérieur de la langue française. La responsable de la langue française, c'est l'Académie française. C'est elle qui élabore le dictionnaire et fixe l'orthographe. Je ne voulais pas empiéter sur ses responsabilités, mais je souhaitais réunir les conditions dans lesquelles l'appareil de l'Etat, le gouvernement français, serait au service de notre culture. Il s'agissait de faire fonctionner les ministères et non de régenter la langue.

Nous confions sa vice-présidence puisque le président était le Premier ministre, au linguiste Bernard Quemada, qui était alors à la tête du *Trésor de la langue française*, le plus gigantesque travail linguistique qu'une langue ait fait sur elle-même. Vingt ans de travaux, voulus par le général de Gaulle, un adorateur de notre langue, un fabuleux écrivain. Aujourd'hui achevée, cette publication représente seize volumes.

Nous modifions parallèlement la composition du Conseil. J'ai d'abord voulu qu'y figurent deux industriels, pour évoquer les problèmes du traitement de la langue. De manière un peu provocatrice, j'en ai choisi un qui défendait avec une très grande vigueur la langue française, l'interdiction de communiquer en anglais et l'obligation pour tout document d'être traduit. Le second, Francis Lorentz, venait de donner, au contraire, la consigne d'effectuer tout le travail intérieur chez Bull en anglais. Connaissant l'attachement à la culture de Francis Lorentz, je ne doutais pas qu'il ait répondu ici à une exigence technique et cherche probablement à la compenser.

J'ai également souhaité que soient présents des représentants de la littérature et de la chanson. Et c'est pour cette raison que j'ai proposé que soit nommé un homme que je ne connaissais pas encore et qui est, depuis, devenu un de mes meilleurs amis, Pierre Perret.

Le Conseil supérieur de la langue française compte six groupes de travail, dont l'un porte sur l'industrialisation de la langue, un autre sur la formation des professeurs, un troisième sur l'orthographe. Un jour, j'organise un repas à ma table, à Matignon avec Bernard Quemada, Bernard Cerquilini, secrétaire général du Conseil supérieur de la langue française, mon collaborateur Pierre Encrevet, et le secrétaire perpétuel de l'Académie française, Maurice Druon. Puisque réforme ou plus exactement rectification de l'orthographe il devait y avoir, l'Académie française était seule à même de la promulguer. Je convie Maurice Druon. Ce fut un repas absolument délicieux. Maurice Druon est un homme truculent, drôle et gai à la fois. Ce n'était pas un complice politique, il avait été ministre de De Gaulle, et, brièvement, de Georges Pompidou. Il était très fier de ce que l'Académie française soit, personne ne le sait, un organe de progrès. Dans les années 1830, elle a changé l'orthographe de plus du quart des mots que nous employons. Elle a décidé que, lorsqu'on prononçait « ais », comme français, on n'écrirait plus « ois », françois. Elle a mis de l'ordre dans les participes passés. Depuis, il n'y a eu que des réformes avortées. La langue s'est sacralisée sous la protection de ses ayatollahs. L'Académie est également à l'origine de plusieurs simplifications orthographiques, qui n'ont pas fait souche.

Dans les années 1930, une décision de l'Académie française dit en substance que puisqu'il n'avait été trouvé aucune trace de la précédente réforme de l'orthographe initiée par l'Académie ni dans les manuels scolaires, ni dans les dictionnaires, ni dans l'usage courant elle y renonçait et revenait à l'orthographe précédente. Il faut rappeler aussi que Voltaire, Sainte-Beuve, parmi nos grands écrivains, se sont battus en faveur de cette simplification. Deux ministres de l'Education nationale – Jean Zay et René Haby – vont se permettre des modifications de l'orthographe par décret, attentant ainsi au pouvoir de l'Académie française, et ceci pour faciliter l'enseignement du français dans les classes. Naturellement, cela a échoué, non sans provoquer les protestations de l'Académie, celle-ci faisant remarquer que le décret de Colbert, qui la créait, n'avait jamais été annulé par le droit révolutionnaire, ni par personne.

Notre comité de l'orthographe ne pouvait donc que faire des suggestions à l'Académie, qui, selon Maurice Druon, reprenaient celles de l'Académie en 1905. Celui-ci m'a alors offert d'en prendre la présidence. Je n'en attendais pas tant. Il en est sorti cette proposition que d'aucuns ont désignée du terme de « réforme de l'orthographe ». Nous nous sommes battus comme des chiens, sans succès, pour la faire plus simplement appeler « rectification orthographique». Elle était mineure, mais réglait le problème de trois mille mots à orthographe différente et fixait des règles de composition de l'orthographe des mots nouveaux. Elle ne supprimait que quelques aberrations, comme par exemple le fait d'écrire nénuphar avec «ph». L'histoire du mot «nénufar» est une très belle histoire. Si l'on aime Proust, on y découvre nénuphar avec un «f». C'est une réforme de la fin du XVIIIe siècle, je crois, qui dans un élan de pédantisme grammatical, a décidé qu'on mettrait «ph» dans tous les mots où sonne «f», pour marquer leur origine grecque. C'est pour cela que pharmacie s'écrit avec «ph», alors qu'en espagnol et en italien, cela prend un «f». Or, nénuphar est d'origine iranienne. Un beau jour, après la réforme de 1900, l'un des greffiers de l'Académie française se trompe et rajoute à tort nénuphar dans les mots qui s'écrivent avec «ph». Le dictionnaire de l'Académie est recopié par les autres dictionnaires, que consultent les professeurs, qui corrigent les élèves. En trente ans c'était fait : nénuphar s'écrivait désormais avec «ph». C'est une aberration. Alors nous avons recorrigé en nénufar, pour rendre toute sa gloire à Proust.

Pour que la réforme passe, il fallait encore la négocier avec la corporation des éditeurs de dictionnaires, puis, plus curieusement, avec un syndicat très réticent, celui des correcteurs de journaux, dont les effectifs sont directement liés à la complexité de l'orthographe. Plus il y a de fautes à faire, plus il faut de correcteurs.

Au fur et à mesure, la folie a déferlé, tout le monde s'est emballé, on s'est empoigné sur des accents circonflexes. Ubu débarquait. L'Académie française, qui avait été saisie une première fois des travaux du comité, présidé par son secrétaire perpétuel, avait voter dans la somnolence un accord unanime. Mais après que la plaine ait pris feu, que tout le monde se soit emporté sur ce sujet avec une véhémence qui m'avait d'abord beaucoup amusé – j'y perdais quand même quelques plumes, tout le monde sachant que c'était moi qui avais lancé l'affaire –, je finis par m'inquiéter. D'autant que dans une pareille bataille, je n'aurai pas forcément le soutien du président de la République. Il a lâché d'une manière un peu dédaigneuse : « J'ai dû sauver quelques accents circonflexes. » C'est dire qu'il n'a pas du tout assumé la responsabilité de la puissance publique sur le traitement industriel de la langue, qui était mon motif d'agir. La bataille faisait rage ; il fallait un second vote de l'Académie.

Nombre des absents du premier vote revinrent bannière au vent, sous la conduite de Jean Dutourd. Chacun a le droit de ses opinions : ils croyaient à la pureté de leur cause. Et ce n'est qu'à 52 ou 53 % des voix de l'Académie, qui ne compte pas cent membres d'ailleurs, que la réforme fut reconfirmée dans un climat de bagarre formidable.

Pendant ce temps-là, nous continuions le travail de négociation avec les éditeurs de dictionnaires, les correcteurs de journaux, et naturellement, les amicales de professeurs de français. Nous avions eu, entre-temps, la joie de recevoir l'aval unanime et les félicitations du Conseil de défense de la langue française du Québec, ce qui n'est pas indifférent car les Québécois sont parfaitement conscients de la nécessité qu'il y a à changer notre façon de défendre la langue française. Nous avons également reçu le soutien du Conseil de défense de la langue française de Belgique, une autre communauté où la bataille linguistique est quotidienne. Tous ont été unanimes.

Deux ans après, j'ai reçu le premier fascicule, de « A » à « E », de la neuvième édition – la première remonte à Colbert – du dictionnaire de l'Académie française. A la fin du dictionnaire, des pages vertes recensent toutes les suggestions de simplifications orthographiques introduites par les dictionnaires. Et ce, en dépit d'une dernière bagarre symbolique, le syndicat des éditeurs des dictionnaires, sous la pression des conservateurs, ayant décidé de mettre pour un mot, en première position, l'orthographe traditionnelle, puis en second seulement la suggestion de l'Académie française, s'il y a lieu.

Il était, je crois, moins important de procéder à une rectification définitive de l'orthographe française que de la rendre réformable, fût-ce au prix d'une modification mineure. La Fédération internationale des professeurs de langue française a repris le problème en juillet 2000 et demander de nouvelles simplifications.

— *Deux ans après votre arrivée à Matignon, certains de vos proches ou des ministres rocardiens se sont mis à dire que puisque Mitterrand multipliait les obstacles sur votre route, vous aviez tout intérêt à vous en aller. Vous avez choisi de rester ?*

— C'est vrai. On en avait beaucoup parlé : le choix était extrêmement difficile. Plus je restais, plus je m'affaiblissais, et plus je risquais d'être compromis dans ces odeurs malsaines : c'est la période où commencent à émerger quantités d'affaires. Il y avait des risques considérables. Mais au moment où la question se pose, seule la réforme de la Poste est accomplie. Je ne suis pas très sûr que celle de Renault soit votée, la CSG est en chantier, le renouveau du service public est également en cours mais je n'ai pas encore eu le temps de prendre un certain nombre des décrets, et surtout de faire naître l'enthousiasme, la demande chez les personnels concernés. Mes successeurs se sont peu intéressés à la réforme, mais il en reste tout de même beaucoup de choses : la globalisation des crédits de l'Etat, la modification de la grille Parodi, les projets de services, les projets d'établissements ; c'est déjà considérable. Il aurait fallu la relancer. En ce qui concerne l'assurance maladie et les retraites, j'avais mis en œuvre une procédure longue. En ce qui concerne la CSG, je franchissais de nouvelles étapes tous les mois. Il faut aussi évoquer la sécurité routière : treize mille morts par an, quand je deviens Premier ministre, dix mille morts par an à mon départ. Le permis à points a été instauré à mon initiative, la ceinture de sécurité généralisée, l'examen technique des véhicules de plus de cinq ans est décidé. Mais changer les habitudes de conduite sur la route est aussi une affaire de culture, donc de temps. Quelque problème que j'évoque, je savais qu'il fallait poursuivre mon action autant que possible, pour arriver à des résultats plus consolidés. J'ai donc fait le choix de rester et je l'ai payé par la suite.

Avant même ma nomination comme Premier ministre, des rumeurs montaient et des actions de justice démarraient, mettant en cause des hommes dans tous les partis politiques. Tout cela était assez malsain, et soulignait la nécessité d'améliorer le niveau de transparence et de moralité de la puissance publique.

Je suis fier d'avoir conduit jusqu'à leur terme législatif – à l'exception de l'une d'elles – quatre lois qui ont mis la France à jour et lui ont donné un niveau de transparence convenable.

La première concerne la Commission des opérations de Bourse. Dans certaines opérations, il y avait eu des délits d'initiés que la Commission des opérations de Bourse ne pouvait pas sanctionner. Nous avons élargi ses compétences, ses droits d'investigation et son pouvoir de sanction professionnelle pour lui permettre de saisir la justice en disposant d'un droit d'investigation suffisant et du pouvoir de prendre des sanctions administratives : interdire de se faire coter ou obliger à révoquer un dirigeant. Nous n'avons plus eu de grand scandale de délits d'initiés depuis. C'est un peu arrogant, mais enfin, je suis bien obligé de dire que j'en suis fier.

La seconde loi concerne la transparence des marchés publics locaux. C'est une loi qui a fait beaucoup parler d'elle, et sur laquelle la droite est revenue depuis, ce qui est regrettable. J'ai mis en place un dispositif juridique pour que communes, départements, régions, syndicats de communes et communautés urbaines ne puissent plus passer de marchés sur des sommes considérables de gré à gré et hors transparence. Cette transparence a alors beaucoup asséché les caisses noires, ici ou là. C'est une bonne chose.

La troisième concerne les écoutes téléphoniques. Cette loi porte le nom d'Edith Cresson qui l'a signée, mais elle est partie au Conseil d'Etat pour consultation le jour de ma démission. Mettre de l'ordre dans ce scandale où la puissance publique elle-même faisait un peu n'importe quoi fut difficile. La loi sur les écoutes téléphoniques représente six à huit mois de négociations entre les différentes administrations qui souhaitaient chacune bénéficier de leur contingent. Chacun a ses terroristes ou ses cas dangereux : il n'y a pas que le terrorisme international armé, il y a aussi la délinquance financière, le proxénétisme, la douane, qui fait l'objet de fraudes fréquentes, etc. Il fallait définir le statut des officiers de police susceptibles de demander des écoutes administratives. La France répond désormais aux normes du droit international.

Restait le plus gros problème, celui du financement des partis politiques. La Constitution dit qu'ils contribuent à l'expression du suffrage, mais on n'en a tiré aucune conséquence. Ils vivaient depuis toujours soit dans la fraude, soit dans la misère. Depuis l'Empire libéral (1869) qui a introduit le suffrage universel en France, jusqu'à la loi de 1990, aucun statut ne fut donné aux opérations financières liées à la vie publique. Or, les campagnes nécessitent de grandes affiches, des moyens de communication modernes qui sont devenus de plus en plus coûteux. Tout cela avait fait scandale, au point qu'en 1987, le président de la République, qui avait comme Premier ministre à l'époque Jacques Chirac, tonne : « Il nous faut aussi attaquer courageusement, législativement, le problème du financement des partis politiques et des campagnes électorales. Monsieur le Premier ministre, je vous demande de vous attaquer à ce problème. » Les affaires montaient d'un peu toutes parts, et il y en avait pour tout le monde.

Jacques Chirac, sommé par le Président, propose une loi restreinte. Je comprends qu'il ait été limité dans ses ambitions, qu'il ait eu peur d'affronter quelques-uns de ses collègues. Nous prenons vite conscience du fait que l'on ne va établir qu'une clarté partielle, légitimant 15 % des financements politiques sans toucher au reste et laissant intactes les structures clandestines de financement, qu'on savait considérables, notamment au RPR, parti le plus équipé et de très loin le plus puissant. Le président de la République avait néanmoins obtenu l'existence d'une loi. La loi a été votée par la majorité de droite en 1987. Le problème était réputé clos.

Je voulais aller plus loin. J'ai donc pris la décision, avec l'accord un peu réticent du ministre de l'Intérieur, Pierre Joxe, de mettre en chantier une vaste loi de financement des partis politiques et des campagnes électorales. Les principes ont été draconiens. Nous avons d'abord confirmé et étendu le principe d'affecter aux partis un financement permanent sur fonds publics, proportionnel à leur nombre de représentants au Parlement. Nous l'avions calculé de manière raisonnable. Seconde mesure, la mise en place d'une commission nationale de contrôle des financements politiques chargée de vérifier les comptes rendus annuels et les bilans. Quant aux campagnes électorales, il n'était pas question d'y intéresser l'argent public, mais on pouvait rendre les dons licites. Ce faisant, on pouvait les plafonner ; un double plafond, en pourcentage des fonds du receveur et de ceux du donneur, pour chaque personne ou chaque entreprise, et en pourcentage des revenus de chaque entreprise. Ils devenaient fiscalement déductibles, dans la fameuse proportion des deux pour mille du revenu ou du chiffre d'affaires. Les transactions en espèces, en ressources comme en dépenses, étaient interdites et l'ensemble était soumis au contrôle de la commission de contrôle de financement de la vie politique. Celle-ci avait la possibilité, après une campagne, devant tout compte non conforme de candidat, élu ou pas, de le déclarer inéligible pour plusieurs années, selon la gravité de la faute. Cette loi fut un triomphe. Depuis, les campagnes électorales sont devenues propres. On n'a plus d'argent pour les grandes affiches, et beaucoup moins pour l'affichage sauvage. Nos villes sont plus propres. C'est une réussite à la fois écologique et économique. Le financement des partis politiques est assuré pauvrement, mais il est assuré.

J'avais cependant, lorsque nous travaillions sur ce dossier, à faire face à une forte demande d'amnistie, orchestrée notamment par le cabinet du président de la République et le premier secrétaire du parti, à l'époque, Pierre Mauroy. J'ai répondu : « Ce n'est pas possible, l'opinion ne le tolérera pas. » Je n'ai donc pas inclus d'article d'amnistie dans le projet de loi. Cela aboutit à une bataille politique. Refusant de céder à la pression en faveur d'une amnistie, je décide en juin 1989 de ne pas inscrire le projet de loi à l'ordre du jour du conseil des ministres, et donc du Parlement, puisque une fois adopté au conseil des ministres, il va automatiquement au Parlement.

Pendant l'été, nous réfléchissons au problème. Une idée va se révéler dramatique. Là encore, comme pour l'orthographe, tout le monde a agité des grands principes, sans réellement comprendre de quoi il était question. Toujours est-il que nous nous arrêtons le principe d'accepter que l'amnistie nous soit proposée par le Parlement : je ne voulais pas que ma responsabilité de Premier ministre comporte une amnistie dans l'écriture du projet et je m'y suis tenu. Il paraît qu'il y a une des versions où on l'a intégré – peut-être ai-je dû céder – mais c'est un détail. Toujours est-il que nous décidons que l'amnistie est nécessaire pour les chefs d'entreprises qui ont été rackettés. Ce sont les premiers visés, et en ce sens elle était absolument indiscutable ; de même pour les malheureux salariés de partis politiques affectés au secrétariat de ces opérations, voire à quelques négociations. Mais elle serait refusée aux responsables politiques. Il y a toutefois une tradition du droit français : on n'amnistie pas des personnes, mais des actes ou des faits. Il fallait donc amnistier les actes de telle nature, commis par – et nous devions l'écrire dans la loi –, les ministres et les parlementaires. Nous oublions cependant d'ajouter, « et anciens ministres et anciens parlementaires ». C'est une lacune qui va se révéler tragique. De plus, nous nous heurtons à la différence entre les crimes et les délits. Il fallait amnistier les délits, mais pas les crimes, comme la concussion, le faux en écriture publique, etc. Les délits concernaient seulement les fausses factures. Je ne voulais pas qu'un responsable, fût-il de chez nous, puisse échapper à la justice lorsqu'il y avait infraction manifeste. Le texte sort au milieu d'une violente bataille législative, et une amnistie, qui exclut les parlementaires et les ministres, est votée au profit des salariés attachés à ces fonctions, et des chefs d'entreprises. Elle concerne les infractions, c'est-à-dire, malheureusement, éventuellement les crimes. Mais nous sortons de là tête haute : le reste de la loi est bon. La loi fait une page et demie du *Journal officiel*. Elle organise tout le financement de la vie politique française pour l'avenir.

On n'a parlé que de l'amnistie. L'important n'est pas le passé. La France est propre désormais et possède les moyens juridiques et légaux de le rester. Quinze jours après l'épisode de l'amnistie, survient le procès de Christian Nucci. A ma grande surprise la justice l'a blanchi du crime d'enrichissement personnel. L'argument est repris d'une vieille tradition du droit français, à savoir qu'on peut punir quelqu'un pour enrichissement personnel seulement lorsqu'on a constaté celui-ci dans l'augmentation de son patrimoine. Certains biens sont certes apparents, mais on ne met pas la justice et ses auxiliaires en l'état d'aller vérifier la comptabilité personnelle des gens, pendant dix ou quinze ans, pour voir s'il s'agit d'un enrichissement personnel. Bien vivre, fréquenter des restaurants de luxe ne constitue pas un enrichissement personnel, dans la mesure où la preuve est très difficile à apporter. C'était en l'espèce ce qui était arrivé. Cette décision nous a stupéfiés, nous ne l'attendions pas, je ne l'attendais pas. Ne restait que le délit de fausses factures, pour lequel Christian Nucci a été amnistié. Le fait qu'il ait été blanchi du délit principal, l'enrichissement personnel, est une affaire de justice. Tout le monde s'en est moqué. La presse parlait de « l'auto-amnistie par les parlementaires », alors que la décision touchant la faute principale relevait de la pure justice, quand l'amnistie pour le délit de fausses factures, elle, résultait simplement du fait qu'on avait oublié d'ajouter « anciens ministres et anciens parlementaires ». Un tonnerre national, qui a duré près d'un mois. J'ai perdu dix ou douze points dans les sondages. Nous y avons probablement perdu les élections de 1993. Reste que l'amnistie est un épiphénomène. La France jouit désormais d'un système de financement normal de sa vie politique. J'ai fait mon travail de nettoyage des écuries d'Augias.

— *Quand vous dites que vous avez chèrement payé d'être resté à Matignon, vous pensez à quoi ?*

— Je pense à la montée en puissance et en visibilité des affaires et aux dégâts politiques. Je songe aussi à la CSG, au fait qu'une partie de ce que j'avais fait, à mes yeux le plus important, le renouveau du service public, ainsi que la réforme des services de renseignement, totalement secrète et décisive pour un grand pays, ne se voyait pas. J'usais ma solidité dans les sondages et ma légitimité chez les socialistes eux-mêmes. Un certain nombre d'entre eux a voté la CSG, la transformation du ministère des Postes et Télécommunications et l'opération

Renault uniquement par discipline de parti. D'une certaine façon, j'accumulais les difficultés sur ma route. Ces réformes étaient nécessaires à la France, il fallait les faire et il y avait un prix à payer. Il est vrai que je n'ai pas cherché à partir sur un coup d'éclat, à mon profit.

— *A partir de quel moment avez-vous eu la conviction que François Mitterrand voulait se séparer de vous ?*

— Après la fin de la guerre du Golfe, à la fin de l'hiver 1991, j'ai compris qu'il avait un autre schéma en tête pour préparer les élections de 1993. J'étais persuadé que ce plan n'était pas bon, mais c'était lui qui décidait, à l'évidence, et par conséquent, je savais que je ne passerais pas l'été.

— *Il ne vous a gardé pendant la guerre du Golfe que par impossibilité de changer de Premier ministre pendant une période aussi délicate ?*

— C'est une des versions possibles. Une autre était qu'il lui était aussi difficile de se séparer de moi pendant la bataille de la Contribution sociale généralisée, à laquelle il avait finalement donné son accord de principe, même s'il était un peu hésitant. La Constitution de la République est claire : en ce qui concerne toutes les affaires internationales et militaires, la compétence première est celle du président de la République. Le Premier ministre n'est qu'un chef d'état-major. Alors, il me fallait régler le budget de la Sécurité sociale, la CSG, et tout le reste. Mais cela disparaissait devant la gravité du commentaire d'actualité sur la guerre. Et cela relevait de sa responsabilité.

— *Jean-Pierre Chevènement, qui était à l'époque ministre de la Défense, ne cachait pas qu'il était opposé à la participation de la France à la guerre du Golfe. Il a fait des déclarations, dont certaines étaient anonymes, mais dont l'auteur était connu de tous. Etiez-vous au courant de ses réticences, des conséquences qu'elles avaient sur la préparation des troupes françaises ? Etes-vous intervenu sur cette question ?*

— Nous étions tous parfaitement au courant – le gouvernement comme le chef de l'Etat connaissaient le désaccord de Chevènement qui ne s'en cachait pas. Il a inspiré des déclarations peut-être dictées par lui et signées par d'autres, mais il en a fait beaucoup lui-même. A la table du conseil des ministres et à la table des réunions restreintes, il n'en faisait pas mystère. Jean-Pierre Chevènement est un homme dont les convictions nationalistes me sont un peu étrangères, mais c'est un homme loyal, qui a eu une très grande dignité personnelle et une grande intégrité. Nous sommes en désaccord politique profond, mais c'est un homme délicieux.

Nous avions donc, le président de la République, moi-même, le gouvernement, de bons rapports personnels avec lui. Il désapprouvait, à notre grand étonnement, le fait que la France s'engage dans un combat international. Même si cette affaire du Koweït ne se finit pas bien et s'il apparaît que les sanctions actuelles de l'Organisation des Nations unies punissent davantage le peuple irakien que ses dirigeants – ce qui est un drame – il reste que l'invasion du Koweït en temps de paix est un fait sans précédent depuis 1945. Jamais, en temps de paix, aucun pays membre des Nations unies n'en a envahi un autre, vivant en liberté et en paix, membre, comme lui, des Nations unies, par impérialisme et dans le but de contrôler la production du pétrole. Je continue à me demander ce qui se serait passé si l'ensemble de la communauté internationale n'avait pas été capable d'émettre un vote de condamnation et d'organiser une opération de punition et de libération du territoire injustement occupé.

L'exemple de la Corée, pays divisé où l'on se combattait en raison des conséquences de la Seconde Guerre mondiale, est fort différent. Le cas de l'Irak était juridiquement exemplaire. Le pétrole jouait évidemment un rôle central dans l'affaire. Mais il restait le problème de droit international et de police internationale, posé par l'invasion du Koweït par l'Irak. Je suis de ceux qui pensent que si la communauté internationale avait laissé faire, je ne sais pas où l'on en serait, compte tenu du nombre de pays qui ont envie d'agresser leur voisin. Je n'accorde donc aucun crédit aux arguments de J.-P. Chevènement, sinon le droit de les avoir et la loyauté qui est la sienne. Dans ces conditions, d'ailleurs, je crois qu'il aurait été avisé de démissionner plus tôt.

— *Pierre Joxe, qui a été appelé à le remplacer en catastrophe, dit même qu'il n'avait pas préparé l'armée comme elle aurait dû l'être ?*

— Ce n'est pas impossible. Je n'ai pas beaucoup d'informations là-dessus, mais je crois volontiers à l'esprit de service public et à celui de discipline, par rapport aux décisions du président de la République, qui était celui de Pierre Joxe. Je suis porté à lui donner raison. Je n'ai pas eu d'informations particulières sur l'état de préparation des forces. Mais à chaque conseil des ministres, à chaque réunion interne, nous avions une réticence du ministre de la Défense. Le président de la République était le premier informé. Ce n'était pas la peine qu'on souligne au président de la République que le ministre de la Défense n'était pas prêt à exécuter les ordres. Cela se voyait. Mais la Constitution est formelle : c'est le président qui nomme les ministres, pas le Premier ministre.

— *Quand avez-vous été averti de la volonté de François Mitterrand de vous remplacer ?*

— Nous sentions tous venir un climat difficile. La CSG était votée, de même que le budget pour 1991, sans grande difficulté. La guerre du Golfe s'était finie victorieusement et nous y avions participé dans des conditions plutôt glorieuses, l'épopée militaire de l'opération Daguet ayant été superbe. Il y a un détail que peu de gens connaissent. Il faut imaginer un plateau défendu, soutenu par les renforts les munitions et l'intendance qui viennent du nord, un terrain impraticable, à l'ouest, le sud-ouest en eaux, également impraticable pour des armées de terre et un corps de bataille qui ne peut arriver que du sud. Le sachant, l'Irak avait enterré ses chars d'assaut pour tirer droit devant. L'idée fut de faire une charge très légère, mais vigoureuse, sur un terrain réputé impraticable, à l'extrême ouest, de manière à couper l'arrivée des renforts irakiens. Il fallait ensuite déplacer le corps de bataille pour que lui-même affronte le défenseur non pas frontalement, mais s'engage dans un terrain peu praticable et se retourne ensuite dans ce quasi désert pour attaquer l'ennemi par derrière, par surprise.

Tel est le plan de bataille du Koweït. C'est aussi celui d'Austerlitz. Le général Schwartzkopf a reproduit la bataille d'Austerlitz. Je le sais d'autant mieux que je lui ai, moi-même, posé la question six mois plus tard, lors d'un petit déjeuner que nous prenions en commun à Cannes. Je lui ai demandé s'il se souvenait avoir fait un plan de bataille à l'image de Bonaparte. Se sentant presque insulté par la question, il m'a dit : « Mais enfin, vous ne pouvez pas imaginer que je ne connais pas mon histoire militaire. » J'en ai donc rajouté : « Dans ces conditions, c'est pour saluer d'humour le souvenir de l'histoire et la charge des cavaliers de Murat à Austerlitz, que vous l'avez fait effectuer par les Français de Daguet ? » Il m'a répondu : « J'ai eu beaucoup de plaisir à prendre cette décision parce que, en effet, il y a un humour de l'histoire » et d'ajouter : « les Français étaient mes meilleurs soldats ». La phrase venait d'un général américain qui avait quinze nationalités sous ses ordres. « En outre, ils étaient les mieux équipés pour ce genre de travail, c'est-à-dire des véhicules légers, pas trop lourds, pouvant passer dans un désert chaotique. » Il m'a également raconté combien il avait été insupportable pour lui de traiter avec la France, à travers un ministre de la Défense qui refusait cette guerre. Grâce à ce plan, il n'y a eu pratiquement aucun mort – à l'exception de trois en raison d'un char qui s'était retourné. Si l'on avait attaqué frontalement, avec ce qui restait de l'armée irakienne, cela aurait été effrayant. Le général Schwartzkopf a ajouté à tout cela un formidable génie militaire.

A l'époque, nous étions cinq civils dans la hiérarchie, le président de la République, le ministre de la Défense, le ministre des Affaires étrangères, moi-même, Premier ministre, et le secrétaire général de la Défense nationale, à connaître ce plan étonnant, lequel a réussi au-delà de toute espérance, en ce sens qu'il n'y a pas eu de perte occidentale. Bien que, pour des raisons de géopolitique moyen-orientale, Jean-Pierre Chevènement ait jugé négligeable l'invasion en temps de paix d'un pays membre des Nations unies, on peut comprendre qu'il ait eu à l'esprit de préserver un pays islamique laïc alors que le problème des pays islamiques, est précisément, souvent, la montée d'un extrémisme religieux. Je réprouve le fait qu'il ait mis trop longtemps à manifester ce désaccord et à en tirer les conclusions, tout en refusant de condamner l'honneur d'un homme et ses idées.

A ce moment-là, les choses se libèrent et si le président de la République a d'autres idées sur l'avenir, la liberté lui revient. J'avais beaucoup réfléchi, et je pensais qu'il me laisserait en fonction jusqu'à l'été. Mais naturellement, les médias étaient de la partie. Je me souviens d'une émission d'Europe 1, où Jean-Pierre Elkabach questionnait Jacques Séguéla, et lui dit : « La popularité du Premier ministre est toujours bonne, mais des rumeurs circulent. » « Combien de temps croyez-vous qu'il pourra durer ? » Séguéla répond : « Pas plus de quelques semaines. » Un publicitaire commentant des rumeurs, on n'est pas dans les sciences exactes, pas même dans la rigueur. Toujours est-il que cela crée une nouvelle situation.

Le mercredi matin suivant, à 9 h 30, j'arrive comme d'habitude chez le président de la République, pour l'entretien en tête-à-tête préparatoire à tout conseil des ministres. Et le Président me dit : « Nous sommes dans une nouvelle situation. » Je lui réponds, avec le sourire, qu'elle n'est pas si nouvelle que cela. Je ne lui dis pas : « Vous vous êtes un peu employé à la créer », mais enfin je le pensais. Et je n'avais plus d'échéances urgentes, sinon peut-être la Sécurité routière et la continuation de la mission du dialogue sur les retraites, laquelle nécessitait encore sept à huit mois de travail. La seule véritable urgence, en termes de gouvernement, portait sur la loi que j'entendais parrainer jusqu'au bout sur les écoutes téléphoniques et l'assurance maladie.

Toujours est-il que le président de la République me dit : « Ça crée une situation terriblement ambiguë, il faut y répondre. On ne peut pas rester dans cette ambiguïté. » J'acquiesce et il poursuit : « J'ai donc le choix suivant : ou je vous confirme, ou je ne vous confirme pas. Si je vous confirme, ce n'est pas pour quinze jours. C'est pour longtemps. Or, j'ai une autre vision des conditions politiques dans lesquelles il faut affronter les élections législatives qui se préparent pour 1993. » Il dira après : « Je souhaite que naisse dans ce pays un débat fracassant. »

Il a eu ce mot en direction d'Edith Cresson, qui appréciait le débat fracassant, ce qui s'est vu. Moi, je n'aime pas cela. Ma manière de faire évoluer l'Etat, de le réformer, est au contraire prudente, progressive, aussi discrète que possible, mais surtout aussi continue que possible. Il poursuit : « Si je vous confirme, je change ma vision des prochaines législatives, et ce n'est pas comme ça que j'ai envie de les conduire. Puisqu'il faut mettre fin à cette ambiguïté ; eh bien, vous allez me donner votre démission. » Je demande alors : « Quand, monsieur le président de la République ? » « Et bien, ce matin. » Alors il est 9 heures 30, nous sommes en tête-à-tête. Je lui réponds : « Il y a conseil des ministres dans un court instant. » « Le conseil des ministres n'est pas concerné, il l'apprendra bien assez tôt. » La phrase est de lui. « Vous m'écrirez votre lettre de démission juste après. » Ce que j'ai fait.

François Mitterrand était sensible à la lenteur de la progression des réformes. J'aime à me référer à l'image de l'arboriculture, pour décrire le métier que je fais : aider à faire grandir des réformes qui, comme des arbres, poussent lentement, qu'il faut protéger au début, arroser d'un peu d'engrais, protéger contre les insectes, pour qu'ils grandissent et se développent. C'est le cas des contrats de Plan. C'est le cas du RMI. C'est le cas de la CSG. Maintenant, personne n'y porte attention mais les premières années, tout ce dispositif était fragile.

Cette façon de voir les choses comporte un revers : le manque d'impact médiatique. François Mitterrand sentait bien que les élections législatives de 1993 étaient menaçantes et avait en tête l'idée d'un débat beaucoup plus retentissant. Il a eu le mot : « Sonore, beaucoup plus dur entre les projets de sociétés de la droite et de la gauche. » Il trouvait, – il n'avait pas tort – que je n'étais pas l'homme pour cela.

Nous sommes de nouveau face à une confrontation de philosophies de la société. Tout cela est à la fois droit et honnête. Nous avons une différence énorme. Je dois rendre mon tablier, parce qu'il souhaite quelqu'un d'autre, un profil différent du mien, pour les législatives de 1993. La suite ne sera pas très heureuse, mais cela, c'est autre chose.

Après mon départ, je me suis tenu au moins six à huit mois dans un silence absolu. J'avais le sentiment de trois ans rudes, trois ans où j'ai dû travailler de quatre-vingts à quatre-vingt-dix heures par semaine. Je pensais avoir fait beaucoup de choses. La décision suprême ne m'appartenait pas. La France a une Constitution. Je n'étais pas de ceux qui allaient jouer l'instabilité par non respect de la Constitution. Je me suis donc interdit tout commentaire pendant fort longtemps.

VII.

A la tête du Parti socialiste

— *Quelques mois après votre départ de Matignon, vous étiez encore extrêmement apprécié dans l'opinion. Puis vous avez pris la direction du Parti socialiste, qui s'est terminée par l'élection européenne de 1994, où les socialistes ont réalisé un très mauvais score. Ne regrettez-vous pas, finalement, d'avoir ajouté cet ultime épisode à une histoire qui s'était plutôt bien finie ?*

— J'ai accepté de répondre à la demande de certains de mes camarades, après la défaite de 1993, à la suite d'une prise de position, à ce moment-là, inappropriée du malheureux Laurent Fabius, lequel a hésité devant le fait d'assumer ce lourd revers. Il y a eu un moment de crispation et de crise au Parti socialiste et j'ai éprouvé une certaine satisfaction personnelle à devenir dans ces conditions le premier responsable, le chef du Parti socialiste, tellement je reste persuadé qu'il n'y a pas de démocratie sans organisation politique et que les partis sont les véritables organisateurs de la démocratie. De plus la social-démocratie internationale est la plus grande force internationale organisée. Elle doit compter deux où trois cents millions de membres. Il y a des pays où la participation est beaucoup plus grande que chez nous. Quand le parti pakistanais de Benazir Butto devient membre de l'Internationale, il apporte avec lui cinq ou six millions de membres et il apprend en retour un peu de démocratie à nos côtés. C'est à la fois émouvant et important de voir que des musulmans, vivant sous le règne d'une pensée orientée vers la *charia,* découvrir ce que sont le pluralisme, le respect de l'autre, de la démocratie dans des écoles de formation et la laïcité. Cette internationale socialiste s'honore de cinq prix Nobel de la paix. Il y a eu Itzhak Rabbin et Shimon Peres, Willy Brandt, Costa Arias du Costa Rica et John Hume pour l'Irlande du Nord. Ces traditions ont une grandeur historique qui dépasse le parti français, lequel n'est pas un des plus brillants sur un siècle. Il y a un honneur à défendre cette tradition et à l'actualiser. C'est vrai que j'ai eu plaisir à exercer cette tâche.

Mais j'en avais trop fait. Depuis trente ans, j'étais un empêcheur de somnoler en rond; j'étais un semeur d'inquiétudes dans les congrès, en disant : « Vous voulez promettre cela à l'opinion, mais cela ne se fera pas, c'est faux. » Mes critiques des nationalisations, mes critiques des excès budgétaires ont été vaincues par les votes. Les gens se disaient : « Pourvu qu'il n'ait pas raison. » L'histoire a ensuite démontré que j'avais raison. J'avais donc une légitimité fragile. Je venais non pas de la gauche jacobine centraliste, celle commandée par les Jules Guesde, Paul Faure, Guy Mollet et François Mitterrand, mais de la gauche toujours minoritaire, mais mieux entendue de l'opinion, celle de Jaurès, de Léon Blum, de Pierre Mendès France et je pense, dans ma génération, celle que Jacques Delors et moi-même avons tenté d'illustrer avec un peu de continuité et de cœur au ventre.

Tout cela ne favorisait pas la confiance des militants socialistes décontenancés par la violence de nos affrontements, situation encore aggravée par une restructuration en cours dans le parti. On a beaucoup parlé des tendances du Parti socialiste, et il est vrai que chacune avait une culture, une histoire, une lecture de nos textes fondateurs différentes. Ce n'était pas seulement le fait d'un maléfice de l'ambition mais l'héritage d'une très longue histoire. Par conséquent, ma légitimité était courte.

Tout en étant conscient de cette fragilité, je pensais que c'était à la fois mon devoir et une tâche très exaltante. Le temps imparti était court, les élections européennes avaient lieu peu après, des élections difficiles dans la mesure où la proportionnelle absolue sur les listes uniques nationales permet à n'importe qui de se présenter. Nous avons eu ainsi douze ou quinze listes. C'est à ce moment que le nommé Bernard Tapie, avec l'encouragement, on l'a dit, du président de la République, attaque, avec sa gouaille et son talent, une tranche électorale dans la zone qui était sous la responsabilité ordinaire de la social-démocratie française. Nous avons fait un mauvais résultat, j'en ai été très affaibli. J'ai fait un choix, je pense toujours qu'il est honorable, mais il était peut-être tactiquement maladroit : c'était de revenir devant le parti en rendant compte de mon action et en remettant mon mandat en balance, ce que j'avais reproché à Laurent Fabius de n'avoir pas fait un an et demi auparavant. J'ai été battu au vote. J'ai donc perdu la direction du parti et la possibilité d'être candidat à l'élection présidentielle. Voilà comment cela s'est fini. Je n'ai pas de regret sur le plan de l'honneur. J'en ai de grands sur le plan de la tactique.

— *Vous avez été fréquemment qualifié de briseur de rêves, et d'ailleurs vous-même ne récusiez pas cette étiquette. Le vôtre, celui que vous aviez quand vous avez commencé à faire de la politique, a-t-il résisté à l'exercice de la politique ?*

— Oui, furieusement. L'Europe va beaucoup mieux. Nous sommes sur le chemin de la paix. Nous en avons fini avec la colonisation. Nous cherchons – c'est toute l'aventure de ma jeunesse –, comment améliorer notre solidarité et le contenu technique de notre aide. Il nous faut passer cette phase terrible où menace à nouveau la prolifération nucléaire militaire, à laquelle il est nécessaire que les gens s'intéressent. C'est, avec le chômage, le problème le plus grave de toute notre époque. Le reste est secondaire.

Si le monde, Etats-Unis compris, arrive à retrouver un sens de la règle commune et d'une organisation contrôlée de l'humanité, dans laquelle des lois, une police internationale empêchent tel chef d'Etat de se conduire en massacreur de son peuple, ce début de XXIe siècle aura enregistré des progrès formidables qui sont en même temps ceux de la technique, de la durée de vie, de la médecine et des communications.

L'avenir peut être éblouissant à condition de remettre de l'ordre dans la façon dont les hommes vivent ensemble et s'organisent, c'est-à-dire dans le champ strictement politique. Mon espérance est toujours vivace, et plus que jamais d'une certaine façon, puisque le support en est maintenant l'Europe, et plus seulement un pays de taille moyenne qui a une longue histoire, mais qui ne pèse plus à lui seul sur les affaires du monde, un pays qui est le mien, le plus beau, la France. La France est devenue une nation modeste, non pas sur le plan de la culture, ni sur celui de l'expérience historique mais par son poids dans le monde et ses ambitions.

La déclaration des Droits de l'homme et du citoyen fut rédigée par la France. Au point que pour écrire la déclaration universelle des Droits de l'homme, les Nations unies de l'époque ont choisi un Français. Il n'y aucun autre pays semblable. Je suis éperdument fier d'être français. Notre message consiste désormais à l'exporter. Le projet est immense mais requiert des directions politiques audacieuses, cultivées. Or, nous sommes en train d'éroder les pouvoirs, la qualité et le niveau de réflexion de nos responsables politiques. Un moment dur.

— A l'époque où vous plaidiez en faveur d'une réduction du temps de travail, qui n'était d'ailleurs pas celle que Lionel Jospin a appliquée – elle était diffé-

rente dans ses modalités, dans ses conditions y compris financières – vous disiez qu'une de ses vertus serait de dégager du temps pour soi, pour l'épanouissement individuel. Les quelques expériences menées dans ce sens se sont plutôt traduites par une augmentation du travail au noir, l'épanouissement requérant quelques moyens financiers. N'avez-vous pas été optimiste ou utopiste ?

— Non, pour cette raison simple que les situations sont diverses. Il y a, bien entendu, une augmentation du travail au noir, c'est bien clair, quand on dégage du temps pour soi, mais il y a aussi des expériences inverses.

Second élément de réponse, la formidable marge de manœuvre dont nous disposons. Keynes écrivait en 1930 : « Avant la fin du siècle, il suffira de trois heures par jour ou de quinze heures par semaine de travail salarié productif pour que l'humanité subvienne à ses besoins. » Par convention, on pourrait fort bien définir comme chômage la différence entre le pronostic technologique fait par Keynes et la réalité de notre organisation sociale qui n'a pas suivi à ce rythme-là. En 1963, un grand sociologue français du travail, Georges Friedman, laisse échapper dans le texte d'une préface, l'expression « La fin du travail », reprise dans un livre récent de Jeremy Rifkin. Il s'en est suivi un débat complètement idiot en France, entre ceux qui prédisaient la disparition du travail salarié de nos vies et ceux qui ne l'admettent pas. Je m'inscris carrément parmi ceux qui ne le souhaitent pas. La véritable question est en réalité de savoir si la tendance à la baisse est imparable et comment employer le temps que nous dégageons.

Surgit alors l'idée que, dans la vie, il n'y a pas que le travail. Il y a d'abord les relations interpersonnelles. Ne peut-on penser que nos vies de couple seraient plus épanouies si nous avions davantage de temps à leur consacrer ? Ne peut-on faire l'hypothèse qu'au moins la moitié, sinon les trois quarts, de l'échec scolaire disparaîtrait si les parents consacraient davantage de temps à leurs enfants et leur ouvraient davantage d'accès à l'information ? Les moyens arrivent. Nous sommes devenus, pour des raisons capitalistes marchandes, d'infatigables consommateurs de spectacles, passifs, oisifs, sur le plan culturel et sportif alors que si le système éducatif affectait à côté de la transmission des savoirs, un tiers du temps à la découverte de la culture et un tiers à l'art de cultiver son corps, il donnerait sans doute aux jeunes le goût de la pratique sportive. Certes, l'assurance maladie s'en porterait mieux, mais surtout nous serions tous plus heureux. Il est formidable de faire, et pas seulement de se contenter de regarder. Il faut pratiquer un sport, la musique, les arts plastiques, la photo, mais cela nécessite d'y avoir été auparavant initié.

La société du temps libre n'est pas celle de la consommation. On peut évoquer également l'ensemble du tissu associatif. Participer à une coopérative, à un syndicat, appartenir à un parti politique, au conseil municipal, toutes ces activités demandent du temps. Dans la fuite du politique, il y a une désespérance du politique, mais cela masque aussi le fait que beaucoup de gens veulent vivre tranquilles et ne veulent pas s'embarrasser de corvées supplémentaires. Or, la politique c'est aussi largement cela. Les choses changeraient si on disposait seulement d'un jour libre supplémentaire par semaine, voire de deux. Or comme le progrès technique est continu, l'idée qu'on pourrait s'arrêter là parce qu'on cesserait de produire des ordinateurs économiseurs de travail humain est une idée absurde. Le mouvement va naturellement continuer.

Si l'on sait s'y préparer et l'organiser, le fait d'avoir davantage de temps libre, d'être moins dépendant du travail productif, peut ouvrir une ère de reconquête de la culture, une culture désormais destinée à des acteurs et non plus à de simples consommateurs. C'est aussi cela le monde de demain et la contrepartie de cet horizon où diminue le besoin quantitatif de travailler pour gagner sa vie, de produire pour nourrir et habiller les autres.

— *Cette conception du temps libre n'induit-elle pas une discrimination entre ceux qui exercent des postes à lourde responsabilité et les autres ?*

— Non, parce qu'elle inclut la possibilité pour ceux dont le temps professionnel sera plus libre d'en consacrer davantage aux gens qu'ils aiment. Ensuite, parce que ceux qui exercent des responsabilités lourdes, qu'elles soient rémunérées à l'heure ou à salaire fixe pour un cadre supérieur, un président d'entreprise, un ministre, un Premier ministre, le font dans la mesure où ils ont envie de faire honnêtement et correctement leur travail. Cela ne changera pas.

Bien entendu, la communauté sera toujours emmenée par des hommes et des femmes qui ont envie d'accomplir, de créer des choses, quel que soit le statut de ce travail. Au contraire, le fait d'être moins assujetti à des tâches répétitives non créatives et non épanouissantes de l'appareil productif, ce qui reste le cas de 95 % de nos contemporains, offrira des possibilités d'activités dans lesquelles je suis sûr qu'en effet, chacun trouvera son épanouissement personnel et contribuera d'autant à celui de la société.

VIII.
L'Europe

— *Pendant que vous étiez à Matignon, il s'est passé, sur le plan international, un événement majeur, la chute du mur de Berlin. Comment l'avez-vous analysé ? Votre appréhension de la situation recoupait-elle celle de François Mitterrand ?*

— Il y a eu plusieurs étapes en deux ans et demi : la chute du mur de Berlin, les modifications institutionnelles de l'Union soviétique puis son explosion. Inutile de vous dire que j'exultais de joie. Ma génération est celle de la guerre froide, celle des jeunes qui avaient quinze ans en 1945. Après avoir pensé pendant un an et demi que le monde allait vivre en paix, ils se retrouvaient, à dix-sept ans, embarqués dans le plus vaste et le plus dangereux conflit de civilisation qui ait jamais existé. On n'a jamais connu, sur six mille ans d'histoire humaine, une contestation aussi forte, aussi puissamment armée, aussi dangereuse, pour le commandement du monde, entre deux empires antagonistes, capables chacun de détruire la totalité de la planète. Qu'on s'en soit sorti sans guerre chaude, et uniquement en guerre froide, est déjà un miracle.

Quand s'effondre le mur de Berlin, nous comprenons que le camp de la liberté, le camp de l'Occident, a désormais la partie gagné. C'est un soulagement formidable. J'ai vite pressenti que la réunification de l'Allemagne se ferait dans la lancée, et que l'Allemagne, recouvrant sa sérénité, son territoire, son homogénéité, retrouverait la paix avec elle-même. Or, une Allemagne en paix avec elle-même, c'est une garantie de paix chez les voisins. L'Allemagne avait, en 1914 comme en 1939, déclaré la guerre au reste de l'Europe pour des raisons d'asphyxie, de manque d'espace, d'arrogance, de décalage par rapport à la représentation qu'elle avait d'elle-même, compte tenu de la grandeur de sa culture et de son histoire militaire. Que l'Allemagne soit en paix avec elle-même constituait un facteur de sécurité fantastique.

La Constitution de la République française est claire : la gestion des affaires internationales, de même que celle des affaires militaires, relève du président de la République. Je crois pouvoir affirmer que mon opinion était partagée non seulement par la quasi-totalité du gouvernement et des parlementaires, de toute notre équipe socialiste, mais aussi par 95 % de l'opinion publique française. Le président de la République a eu un réflexe un peu différent, avec lequel je n'étais pas d'accord, mais qu'il faut comprendre. Il pensait qu'il y a toujours danger à voir les équilibres du monde changer trop rapidement. Ce basculement de forces pouvait encourager une volonté de puissance américaine non contrôlée. C'est un Etat jeune, un peu ivre de sa puissance, avec une moindre expérience historique que les pays d'Europe ou la Chine. Il est également vrai que l'effondrement du mur de Berlin, puis du communisme – car il s'agit du même mouvement – laissaient place à un vide, vide concernant deux cent quarante millions d'habitants et le second plus puissant arsenal nucléaire du monde. Qui allait le commander ? Au nom de quel avenir ? Tout cela avait de quoi inquiéter furieusement. Le réflexe du président de la République était au fond de chercher à ralentir le processus. Je ne crois pas que cela fut opportun, mais je le comprends.

Je peux témoigner en revanche que l'essentiel des ministres et l'appareil administratif français, notamment le Quai d'Orsay, allaient dans mon sens. Ils étaient prêts à soutenir l'espoir de réunification allemande. François Mitterrand ne l'a pas senti de la sorte, et on connaît la suite : un voyage inopportun à Berlin-Est. Le deuxième épisode a lieu peu après, lorsqu'il fait un signe d'ouverture ou du moins d'écoute face au coup d'Etat tenté par quelques politiques communistes et généraux contre Gorbachev dans l'espoir de restaurer la puissance ancienne de l'Union soviétique, coup d'Etat qui avait scandalisé tout le monde en Europe, sauf le président de la République. Encore une fois, j'étais en désaccord. Mais il avait la décision en main, de manière constitutionnelle, c'était parfaitement clair et indubitable. Sa raison était la suivante : « Tout ça va trop vite, on ne sait pas où l'on va. » Nous sommes dans une zone de pari, où les dirigeants suprêmes doivent prendre leur décision en quelques jours, sinon parfois en quelques heures. Il n'a pas été bien inspiré, mais ses raisons sont compréhensibles.

— *Est-ce qu'il dépend de l'Europe, qui est actuellement à une étape charnière, puisqu'il s'agit de décider à quels rythmes et par quels moyens les quinze vont s'élargir à d'autres pays – notamment des ex-satellites de l'Est – que les explosions ethniques qui ont suivi la chute du mur s'éteignent et que la paix renaisse en cette zone du monde ?*

— L'Europe est une aventure extraordinaire. Le premier à avoir employé le terme d'Etats-Unis d'Europe est Victor Hugo en 1851, à l'Assemblée nationale. Winston Churchill reprendra le terme en 1945, en Suisse. Il est Premier ministre du pays grâce à la résistance duquel la contre-offensive des démocraties, et d'abord des Etats-Unis, a été victorieuse. Winston Churchill dit en substance : « L'Europe n'a fait que des dégâts dans son sein, l'essentiel, c'est la paix en Europe. » Il ajoute : « Il faut que vous unifiez le continent. » Il laissait déjà entendre que la Grande-Bretagne n'en serait pas, mais encourageait tous les Européens à s'unir.

C'est une tâche extrêmement difficile. Les parlements européens, tous souverains, sont soucieux de ne pas gaspiller les pouvoirs qu'ils ont reçus de leurs électeurs. Il faudra cinquante ans pour arriver à l'idée d'abandonner la monnaie nationale. Celle de renoncer à la responsabilité de sa défense et de sa sécurité nationales ne vient à personne. Un petit groupe d'hommes, dont Jean Monnet, Konrad Adenauer, l'Italien Alcide de Gasperi et le Français Robert Schuman, lance une offensive limitée. Celle-ci consiste à renoncer à bâtir l'Europe des souverainetés mais à rendre impossible une guerre entre la France et l'Allemagne en fusionnant les industries du charbon et de l'acier entre les deux pays, de manière à ce qu'aucun d'eux ne puisse acheter du charbon et de l'acier pour fabriquer des tanks et des canons. Une fois cela mis en place, la coopération s'étendrait à de nouveaux secteurs et prendrait un poids tel que le pouvoir politique serait obligé de s'en préoccuper.

C'est ce qu'on a fait. Pour des raisons commerciales, le Benelux et l'Italie souhaitaient y participer. L'Italie avait en effet une florissante industrie de transformation des aciers rouillés et de la récupération. Elle fabriquait de très bons aciers nouveaux, mais n'avait pas de minerai. Aux Pays-Bas et en Belgique, il y avait du charbon et des champs de minerai de fer. Le Luxembourg, quant à lui, est une éponge à charbon. Ces pays se sont dit : « S'il naît un grand monopole franco-allemand commercial, nous n'en serons pas, on va être asphyxiés, il faut en être. » L'Europe est donc née d'une coalition de deux pays autour de l'idée de paix, sans projet supérieur, et du désir de quatre autres pays de les rejoindre, pour éviter d'être asphyxiés par un monopole commercial touchant le charbon et l'acier. Voilà comment l'aventure a commencé.

L'étape suivante suit l'échec de la Communauté européenne de défense, une idée trop précoce de la France, condamnée et abattue par le Parlement français. Cette deuxième grande idée revient à mettre en commun non seulement le charbon et l'acier, mais aussi la douane. Cela va s'appeler un marché commun. On supprime la douane intérieure et on se dote d'un tarif commun vers l'extérieur vers l'étranger. Ce qui va donner à l'Europe une force extraordinaire. La France vient de changer de République. Le général de Gaulle, qui y était opposé, affirme : « La parole de la France est engagée, et ce n'est jamais qu'un traité de commerce comme un autre, on l'appliquera. » Qui voulez-vous que cela intéresse, la douane ? Des hommes se sont fait tuer pour leur drapeau, pour leur langue, pour la liberté, pour des symboles de la souveraineté, mais jamais pour des droits de douane. Les affaires douanières sont tellement complexes qu'elles n'intéressent personne. Le traité est passé presque en seconde colonne dans les journaux. C'est cette mécanique qui a permis aux six pays qui ont créé la Communauté économique européenne, d'avoir entre eux pendant les vingt ans qui vont suivre, une croissance de leurs échanges double du rythme de la croissance mondiale. Cette idée de technocrate, peu populaire et validée par nos Parlements, sans que personne ne s'en alarme vraiment, a été un formidable moteur de croissance et de bien-être, tout en travaillant à la réunification, la réconciliation des pays qui venaient de se combattre.

— *Le même miracle peut-il s'opérer avec les pays aujourd'hui candidats ?*

— Les pays aujourd'hui candidats le sont parce que nous connaissons une immense prospérité. Ils veulent rentrer dans cette mécanique. Mais celle-ci s'essouffle. Ils sont également désireux de bénéficier de l'autre aspect du marché commun : nous avons maintenant des institutions qui rendent absolument impossible l'idée d'envisager la guerre entre nous. C'est cela l'Europe : la paix improbable entre les peuples qui se sont le plus âprement combattus. La paix entre la France et l'Allemagne était aussi impossible que ne l'est la réconciliation des Hutus et des Tutsis ou celle des Serbes et des Bosniaques. La différence, c'est qu'on l'a faite quitte à y mettre quelques décennies. C'est ce à quoi aspirent les pays de l'Est. Mais il y a une difficulté, nous avons rattrapé le niveau de vie américain. Même si le moteur de la croissance demeure fort, l'effet de rattrapage ne joue plus. Nous faisons désormais la course en tête, à égalité avec les Américains. Reste que l'adhésion au marché commun, à l'Union européenne est un espoir de progrès formidable pour les douze candidats, qui sont tous, à l'exception de Chypre et de Malte, d'anciens satellites de l'Union soviétique.

La façon dont on a construit l'Europe ne la dote pourtant d'aucune compétence, ou presque, en matière de politique étrangère. L'Europe est absente des grandes affaires du monde, dès qu'il s'agit de politique étrangère, de diplomatie ou de forces militaires au service de la paix. Là est le grand enjeu. De plus, nous avons inventé un système de décisions intelligent et efficace tant que nous étions six, même s'il devient paralysant maintenant que nous sommes quinze. Trop de décisions se prennent à l'unanimité. Or l'unanimité à quinze revient à accepter de ne jamais décider. D'où la longue absence de l'Europe en Bosnie : il a fallu trois ans pour qu'on décide quelque chose et la première décision de l'Europe fut d'appeler les Américains à la rescousse. Moyennant quoi, nous y sommes allés après, avec eux. On a quelque peu changé de rythme pour le Kosovo où l'Europe est puissante. Notre Eurocorps est maintenant présent. Mais nous sommes absents en Tchétchénie. Il y a également le drame des guerres africaines, où l'Europe n'a pas de place et ne prend pas la parole, parce qu'elle n'a pas déployé une politique de sécurité au service de la paix. Elle ne dispose pas des institutions pour le faire.

L'élargissement représente un enjeu fantastique. Il faut imaginer que tous ces pays se sont combattus. Ils entretiennent les uns envers les autres des haines pour la plupart séculaires. Ainsi, la Hongrie et la Roumanie ont entre elles sept siècles d'antagonisme, ponctuées de quatre ou cinq guerres. La réconciliation balkanique, sous le patronage de l'Europe, facteur de paix et organisatrice de la paix à l'intérieur des frontières, serait quelque chose de formidable. Mais l'idée que ces douze pays – sans parler du cas difficile que représente la Turquie – arrivent dans une Europe en pagaille, incapable de prendre des décisions communes, terrifie tout le monde.

— Entre la vision allemande, telle que Joshka Fischer l'a décrite, d'un Etat fédéral, et la conception française, plus proche des noyaux durs et des alliances privilégiées dans certains domaines, laquelle vous semble promise au meilleur avenir ?

— Je n'ai pas à me prononcer là-dessus, d'autant que je ne suis pas très sûr que le point de vue de Joska Fischer puisse se définir comme une vision complètement allemande, ni qu'il y ait entre ses déclarations et celles du président de la République une telle différence. On retrouve l'idée d'un pas en avant, d'une organisation plus structurée de l'Europe. Le mot de fédéralisme apparaît, certains l'acceptent, d'autres le refusent, mais beaucoup admettent qu'il nous faut un système de décision plus vigoureux, plus uniforme et plus fort. Et pour ma part, je l'accepte, plus fédéral. Reste quantité de détails. Quels sont les pouvoirs que l'on fédéralise et que l'on soumet à ce type d'autorité ? Quels sont ceux qu'on en exclut ? Comment s'organise le contrôle législatif ? La commission européenne devient-elle le gouvernement de l'Europe, le conseil des ministres devenant alors le Sénat de l'Europe, ou au contraire s'efface-t-elle pour n'être plus qu'un service du conseil des ministres ? J. Fischer a eu l'immense talent d'engager le débat quand personne n'osait parler, car les enjeux étaient devenus trop lourds. Il l'a ouvert grâce à une pensée prospective et en débordant certainement le consensus pan-allemand. Il reste beaucoup de travail pour se mettre d'accord, mais au moins fallait-il commencer. Après, le conflit ressurgit. Il m'est arrivé de regretter que certains membres du gouvernement français aient déclaré que le président Chirac, quand il s'est exprimé à Berlin, ne l'a fait qu'en son nom personnel et n'engageait pas la France. Je ne le crois pas. Ce qu'il a dit là recevait à mon sens l'approbation d'une bonne majorité du corps électoral français, qui a toujours été pro-européen.

Il est fonctionnellement vrai que nous avons besoin de réaliser l'élargissement. De quel droit pourrions-nous dire aux Polonais, aux Tchèques, aux Roumains ou aux Bulgares qu'ils sont de mauvais Européens ? Qui sommes-nous ? Nous avons eu la chance historique d'être plus développés qu'eux, nous n'avons pas subi l'opprobre du communisme. C'est une chance historique, due à la géographie plus qu'à tout autre chose. Nous n'allons pas les punir. Il faudra bien qu'ils intègrent l'ensemble européen. Les faire entrer dans une entité incapable de prendre des décisions, ce n'est néanmoins pas leur rendre service. Nous sommes devant l'urgence d'une réforme interne profonde, qui recrée un véritable pouvoir de décision en Europe, mette en évidence le fait que certaines forces politiques, voire peut-être certains pays, ont plus que d'autres le sentiment d'une responsabilité dans les affaires du monde. Si nous ne faisons pas une Europe plus intégrée, cela prendra dix ans de plus qu'il ne faudrait à réaliser l'harmonisation fiscale entre nous. Cela affaiblira nos entreprises. Nous mettrons quinze ans de plus à réaliser correctement l'élargissement. C'est regrettable mais personne n'en mourra.

Toutefois, nous sommes dans une période où le risque de l'emploi de l'arme nucléaire n'a jamais été aussi grand. L'Inde et le Pakistan possèdent tous deux l'arme nucléaire et sont en guerre sur un front de mille cinq cents kilomètres. Nous n'avons aucune garantie quant à l'entraînement de leurs généraux à la dialectique de la dissuasion. Nous ne sommes pas sûrs que les valeurs cartésiennes, la logique, le sang-froid soient leur critère principal de gouvernement. Dans les deux pays existent des extrémistes religieux, pour lesquels la vie humaine a un faible prix face à la foi. Depuis 1945, en réalité, jamais nous n'avons été aussi proches de l'emploi de bombes nucléaires.

De plus, la politique américaine est devenue incompréhensible. Les Etats-Unis ont participé à la négociation d'un traité essentiel interdisant complètement et définitivement tout nouvel essai nucléaire. C'est un traité qui doit conduire l'humanité à se débarrasser dans quinze à trente ans de l'arme nucléaire, puisqu'on ne pourrait plus la renouveler. Or le Sénat américain a refusé de ratifier ce traité. Le grand débat actuel aux Etats-Unis concerne la nécessité de se doter d'un système de défense anti-missiles qui leur soit propre, pour prévenir une attaque par missiles de la Corée du Nord, de l'Iran ou de l'Irak. Ils ont pourtant des moyens directs, face à ces pays, relativement petits, qui ne seront jamais aussi dangereux que ne l'était l'Union soviétique. Ils ont montré à propos de la Lybie qu'ils savaient s'en servir.

La réponse par un système anti-missiles global est démesurée, non pertinente et il n'y a pratiquement pas de généraux pour l'accepter. Mais nous vivons une période – il s'agit de quelques années, peut-être quelques mois – où il existe un grand risque de voir s'aggraver la prolifération nucléaire. Le discours officiel américain se résume aujourd'hui à cette idée : proliférez tant que vous voulez, nous n'avons plus confiance dans des règles communes à l'humanité, et nous nous défendrons seuls, quoi qu'il arrive. C'est terrifiant. Un pays comme la Chine, qui a l'arme nucléaire de manière officielle, est alors porté à se dire : les Américains racontent des histoires quand ils nous parlent de la Corée du Nord, de l'Irak – ou de l'Iran. Nous, Chinois, si les Etats-Unis jouent de la sorte, nous sentons le devoir de pousser notre recherche scientifique, de miniaturiser nos armes, de multiplier considérablement nos efforts dans ce domaine. Que doit alors penser le Japon ? Jusque-là, il était protégé au plan nucléaire par les Etats-Unis dans une philosophie de réduction des armements nucléaires. Face à une politique américaine qui affirme que les Etats-Unis joueront désormais cavalier seul et pousse objectivement les Chinois à se surarmer, le Japon s'interroge sur le fait de savoir s'il n'a pas intérêt à sortir du traité de non-prolifération. C'est le débat majeur, et l'Europe en est absente.

C'est sur ce plan, beaucoup plus que sur celui de l'harmonisation fiscale ou même sur les conditions économiques, sociales, financières et douanières de l'élargissement, qu'il y a urgence à affirmer le rôle de l'Europe. De la même façon, nous sommes absents dans l'art de faire la paix sur le continent africain, qui n'en peut plus de son désespoir et de son sous-développement. La raison pour construire l'Europe est là. Nous n'avons pas les institutions nécessaires, et pas toujours la volonté, chez certaines nations. Certes, il n'appartient pas à un homme politique, ni même à une nation, de dire aux autres : ce sera comme cela sinon rien. Il faut ouvrir un débat, qui use les réticences et fasse émerger progressivement les convergences européennes. Personnellement, je suis plutôt favorable à une Constitution européenne. Je l'ai d'ailleurs dit et écrit. Mais je sais qu'un pays comme la Grande-Bretagne n'a pas de Constitution. La vie constitutionnelle y est organisée autour des précédents, de la coutume et la Grande-Bretagne demeure l'une des démocraties qui fonctionnent le mieux au monde. Par conséquent, on ne voit pas pourquoi l'Angleterre accepterait de changer de coutume : elle lui est profitable, elle a survécu à deux guerres mondiales, sans être envahie et en étant à chaque fois victorieuse. Un certain nombre de pays sont entrés dans l'Europe sur la foi de ses premiers objectifs couchés dans les traités : rendre la paix irréversible entre nous et donner à nos entreprises des marchés à la taille du monde moderne. Mais la Suède, la Finlande même, l'Autriche, peut-être le Portugal, ont probablement rejoint l'Europe avec l'idée de constituer ensemble une grande Suisse. Ces pays ne sont pas membres permanents du Conseil de sécurité, ils sont éloignés des affaires du monde, ont des armées réduites et ne portent plus la responsabilité profonde de leur sécurité. Leur problème consiste à vivre en paix. Dans un monde si difficile, auquel ils ne connaissent rien, l'idée de payer des impôts, de risquer la vie de leurs jeunes hommes est à leurs yeux, au fond, une idée non pertinente. Pourquoi voulez-vous que les Finlandais s'embarrassent d'aller faire la paix en Bosnie ?

Quand on est riche et influent, le problème qui se pose est celui de la dimension, celui de l'état du monde. Si on veut vivre tranquille, il faut être soit pauvre, soit caché, soit tout petit. L'Europe n'est ni pauvre, ni cachée, ni petite. Compte tenu du fait que quiconque se promène entre l'Asie et l'Amérique fait une escale aérienne en Europe, nous sommes la plate-forme aérienne la plus puissante, un enjeu et un lieu de passage pour les terroristes, pour les mafias, pour les trafics louches, pour le commerce important ; l'Europe ne peut pas être à l'abri.

Cette constatation est celle d'un citoyen français, dont le métier, la carrière l'ont amené à fréquenter le monde entier, des Etats-Unis à la Russie en passant par l'Afrique et l'Asie. Tel n'est pas le cas des responsables politiques et diplomatiques de la moitié des pays d'Europe. Il leur faut donc une accoutumance. Avoir une politique étrangère commune est affaire de culture. Cela deviendra possible lorsque les pays neutres auront compris que face à la criminalité internationale, à la grande délinquance, à la drogue et au terrorisme, la neutralité n'a plus de sens. Quand les petits pays se conduiront comme s'ils étaient grands, quand l'Angleterre aura pris conscience que la Manche est décidément plus étroite que l'Atlantique – ce qu'elle est en train de faire –, lorsque l'Allemagne n'aura plus le moindre complexe à l'idée d'exporter sous des uniformes et armer certains de ses citoyens dans le reste du monde pour contribuer à la paix, et quand enfin, la

France aura cessé d'être arrogante et de prétendre, parce qu'elle a plus d'expérience, donner des leçons au reste du monde. Cette dernière condition, la fin de l'arrogance de la France, est pour le moment la plus difficile à remplir. Nous n'avons pas les mêmes conceptions du monde et nous mettrons du temps à nous rencontrer sur ce point. Cela étant, dans vingt ans il est clair que l'Europe sera la principale puissance mondiale.

— *La plupart des gouvernements européens, y compris de gauche, voire surtout, sont beaucoup plus libéraux que le gouvernement français. La survie de l'Europe dans un contexte de mondialisation passe-t-elle par le libéralisme ?*

— Que signifie le mot de « libéral » dans cette affaire ? Il y a déjà, derrière, une escroquerie intellectuelle. Tel qu'il est présenté, le mot libéral s'applique uniquement à l'économie. « Libéral » signifie placer la liberté et son exercice comme objectif. Or le principal point d'application de la liberté tient justement dans l'action politique. En tant qu'anticolonialiste, je suis un libéral. Je souhaitais la liberté du peuple algérien, celle du peuple indochinois et je combats pour le respect des Droits de l'homme dans le monde entier. Sur le plan des libertés politiques, tout le monde est d'accord, il n'y a pas de liberté sans règle. La liberté qui est celle d'aller, de venir, de parler, de s'exprimer, de publier, de s'associer, de se syndiquer, de voyager n'est pas celle de tuer ni de cambrioler. On accepte par conséquent que la liberté ait une définition légale de ce qui est possible et de ce qui ne l'est pas, à savoir ce qui nuit à autrui. Cela suppose qu'il y ait une police, une justice, ou plutôt une justice et une police.

Quand on passe au champ économique, on change de registre. Les théories modernes, celle de Milton Friedman étant la plus connue, définissent une vision de la liberté économique, dans laquelle l'harmonie sociale résulte du fait que chaque entreprise agit comme il lui convient. On produit des dizaines de démonstrations pseudo-mathématiques pleines d'équations dans lesquelles est appelé « optimum » – le mot est de Pareto – une situation d'équilibre de marché entre l'offre et la demande, les volumes de prix obtenus par les vendeurs étant acceptés par les acheteurs ; une situation où l'on prétend montrer que personne n'aurait pu avoir un avantage meilleur. Pour atteindre cet équilibre, il ne faut pas d'intervention externe, donc pas de régulateur, pas de tiers, pas de loi, donc pas d'Etat. Ce qui signifie qu'en passant du champ des libertés privées ou collectives politiques – mais les libertés privées sont comprises dans les libertés politiques – au champ économique, l'idée qu'il puisse exister des règles, une police et une justice a disparu. Le libéralisme en matière économique se résume en une croyance dans les vertus du marché. Celles-ci n'ont leur pleine efficacité qu'à la condition que l'Etat ne se mêle de rien. Il émet la monnaie, règle la diplomatie, la police, la justice, et moins il intervient, mieux on se porte. Il faut privatiser jusqu'à l'enseignement, en tout cas la protection sociale et la totalité des services publics.

Il est vrai que l'Etat n'est pas fait pour produire. Il est difficile de gérer les services publics où l'on a du mal à introduire la notion de productivité. Dans la plupart des pays d'Europe, les services publics n'ont pas été efficaces et sont même sous-productifs. La France est un cas à part. A la différence de l'Allemagne, de la Pologne, de la Hongrie, de l'Italie et même de l'Espagne d'une certaine façon, hormis la Catalogne, qui sont des communautés linguistiques qui ont produit leur Etat, la France est le résultat de la construction militaire d'un Etat qui a créé une nation, en amalgamant par la conquête des populations diverses parlant des langues différentes. Il en est résulté un grand centralisme, une volonté de contrôler le pays, une faible autonomie des collectivités locales et donc un service public important. Depuis Colbert, en passant par la Révolution française et Bonaparte, on a inventé des écoles pour former les fonctionnaires d'Etat, où l'on apprend non seulement le droit, les finances publiques, les règles administratives, mais aussi à produire. Nous avons les seules écoles où des personnels payés par l'Etat, fonctionnaires de carrière, ont pour métier de produire. Le cas est unique au monde, sauf peut-être en Chine.

Si bien que le service public a beaucoup mieux marché en France que partout ailleurs. A preuve le TGV, la fusée Ariane, les Airbus et le nucléaire civil : tout cela est né au sein du service public français. Aucun pays n'a d'équivalent, ce qui ne signifie pas que le fait de ne pas obéir à des règles de concurrence ne soit pas un handicap, et qu'aujourd'hui cela ne doive pas être modifié. Mais la France est lourde d'une tradition différente. Quand Lionel Jospin déclare ne pas pouvoir suivre Tony Blair dans sa politique, il a raison. Non seulement nos traditions sont différentes, mais nos structures le sont également, ainsi que les façons de penser de nos concitoyens.

Notre système scolaire, même s'il a bien des problèmes, est le moins mauvais d'Europe si l'on excepte, peut-être, celui d'un ou deux petits pays, et nos services publics, notamment nos services sociaux, sont également performants. On m'a souvent assimilé à un Tony Blair français. Nous sommes en réalité sur des positions différentes, notamment lorsque celui-ci met en cause la partie du service public efficace dans le modèle européen. On compte aujourd'hui sept à huit millions de pauvres en France pour quatorze millions en Grande-Bretagne. Le prix de l'hyper-capitalisme se paye. La Grande-Bretagne a accompli un réveil économique, mais il faut également prendre en compte les quatorze millions de pauvres, ce que Tony Blair n'a pas fait suffisamment.

La France a raison de protéger un modèle social à haut niveau de protection et à haut niveau de qualité de services publics. Ce qui entraîne un niveau d'impôts un peu supérieur aux voisins. Je ne suis pas libéral au même sens que Tony Blair, mais plutôt comme Keynes et Beveridge, les pères de la définition du modèle d'Etat de bien-être. On l'a appelé l'Etat-providence, mais c'est une appellation folle et fausse. « Welfare state » en anglais doit être traduit par « Etat de bien-être » en français, vers lequel nos sociétés se dirigeaient tranquillement dans les années 1970 et 1980.

— *Quel autre moyen discernez-vous pour nous protéger de la mondialisation et faire en sorte qu'elle soit positive pour la France ?*

— Qu'est-ce que la mondialisation ? C'est d'abord un fait beaucoup plus ancien qu'on ne le croit. La France exporte ou importe de l'ordre de 24 % de son produit national, c'est-à-dire que nous importons et exportons beaucoup, mais à peine 2 % de plus qu'en 1913. L'ouverture de nos économies au monde n'est donc pas un fait récent. On appelle mondialisation des phénomènes nouveaux multiples et d'ordre technique. L'essentiel est technique et la conclusion politique.

Premièrement, l'accélération de la vitesse de transport. Quand il s'agit de produits sensibles, on les transporte par avion. Le transport vers les Etats-Unis représente désormais six ou sept heures au lieu de prendre des semaines. Même en ce qui concerne le transport lourd, on a gagné sur le calendrier. De même tout ce qui n'a pas de poids, les informations, mais aussi les ordres financiers, notamment boursiers, se transmet maintenant à la vitesse de la lumière.

A cela s'ajoute – et là on est dans la technique – le fait que les décideurs politiques ont abandonné, un peu partout dans le monde, tout contrôle des mouvements de capitaux. Cette évolution a été achevée en France alors que j'étais Premier ministre. J'aurais préféré que mon ministre des Finances, Pierre Bérégovoy, la négocie en contrepartie de la progression vers l'écu, devenu l'euro. En 1990, nous avons totalement libéré les mouvements de capitaux, et j'ai envie d'ajouter que nous ne pouvions pas faire autrement. La pression était trop forte, il n'y avait aucun sens à entraver notre insertion dans l'économie mondiale. Il ne faut pas se protéger de la mondialisation, il faut la faire jouer dans le bon sens, ce qui signifie arriver à ce que le monde entier se dote de règles. Pourquoi sommes-nous inquiets ? Parce que, en une décennie, nous avons vécu une dangereuse crise financière au Mexique, en 1991, suivie d'une autre crise financière en Europe, où, sur un assaut de spéculation, la livre sterling, la peseta et la lire italienne ont été expulsées du système monétaire européen. Il a fallu des années pour y ramener les deux dernières mais l'opération a échoué pour la livre sterling. Puis est survenue une nouvelle crise mexicaine et enfin la crise financière asiatique, qui a menacé l'équilibre de l'ensemble du système financier mondial. Nous vivons sur un volcan financier. Derrière tout cela, il faut préciser qu'il n'existe pas de règles sur les marchés mondiaux, 40 % des liquidités mondiales étant stockées dans des paradis fiscaux dont une part joue de manière effrénée un jeu de spéculation de court terme qui déstabilise les marchés mondiaux. A cet immense danger, il n'y a de solution que mondiale.

L'Europe est née d'un hasard. Celui de la rencontre entre, aujourd'hui, quinze nations, qui se sont dotées du meilleur niveau de protection sociale au monde. Cette convergence est le résultat de contingences historiques entre des pays qui relèvent d'une culture commune et d'un bon niveau de développement des services publics, à l'abri, jusqu'à présent, de l'appareil intellectuel logomachique, qui cherche à détruire la puissance publique au nom de sa non-pertinence.

Si on la compare avec les autres sociétés connues, plus pauvres, ou ayant atteint un niveau de développement analogue, mais plus cruelles socialement, – je pense principalement aux Etats-Unis et au Japon –, l'Europe me paraît devoir remplir trois fonctions. La première est de défendre et d'exporter un modèle de société à haute protection sociale. La seconde, – elle lui est liée – est de défendre et d'exporter un modèle de société à haute qualité de services publics : écoles, santé, routes, sécurité, etc. La troisième, puisque nous sommes au même niveau de puissance que les Etats-Unis et aussi riches, est d'assumer nos responsabilités dans l'instauration d'un ordre mondial. Cela nécessite d'abord l'accomplissement de missions et la présence des soldats au service de la paix dans le monde. Cela signifie, ensuite, un immense effort d'aide au développement. La protection sociale, le service public, la paix dans le monde, une autre compréhension du développement : telles sont donc les missions de l'Europe. Les deux premières donnent l'impression de ne se définir qu'à l'intérieur de l'Europe. C'est une illusion dans la mesure où c'est une question de débat international. Il s'agit d'imposer un modèle : les règles de la concurrence le mettraient à mal si nous ne le défendions pas fermement en l'étayant sur une forte productivité et une grande efficacité économiques. L'essentiel de la définition de l'Europe de demain passe pour moi par cette relation avec le reste du monde et le poids que l'Europe y prendra pour imposer ce modèle de société, lequel me paraît, du point de vue de l'éthique, comme de la morale sociale et politique à la fois le plus acceptable et le meilleur.

L'Europe dispose pour ce faire de plusieurs moyens. Le premier est intellectuel. Il existe aujourd'hui un profond débat sur le rôle de l'Etat et la responsabilité de la puissance publique, en matière de protection sociale et de service public. L'état des services publics en Grande-Bretagne est inquiétant. Tony Blair lui-même est en train d'en prendre conscience. Mais il est vrai également que le commerce favorise la paix. Quand on transporte des produits, on transmet aussi bien des modes d'emploi, que des ingénieurs. Des hommes se rencontrent, échangent des idées. Mais il n'y a guère de présence au monde qui ne soit appuyée sur la diplomatie et la force.

Dans trente ans, la moitié de la production mondiale sera assurée par l'Asie. Cette dernière contrôlera donc la moitié du commerce international. Seul le Japon – si on met à part le cas, plus compliqué de l'Inde – a en Asie une relative habitude de la démocratie et celle de négocier l'issue de ses conflits d'intérêts plutôt que d'user de la force. Aucun autre pays d'Asie, ni la Chine, ni la Malaisie, ni l'Indonésie ne possède cette culture. La défense de la paix dans le monde, de notre place commerciale – qui en est aussi la condition –, de notre système d'influence avec l'Asie, suppose que nous sachions écouter, comprendre, avoir le respect des hommes et des cultures. Mais il faut aussi que nous puissions exercer les pressions nécessaires, que nous disposions d'un appareil militaire dissuasif , capable d'empêcher que les règles du jeu, y compris commerciales mais aussi humaines, ne soient violées. Il faudra arriver à une forme d'ingérence, à une police mondiale. L'Europe comme les Etats-Unis sont les plus riches et les mieux à même de l'assurer. Il y a là des responsabilités éminentes et urgentes.

La place de l'Europe dans le monde nous pose à nous, Européens, des problèmes aussi urgents que l'assainissement de nos propres affaires intérieures. C'est pour cela que le débat sur les institutions futures de l'Europe m'insupporte, car personne ne soulève le problème des missions à remplir ni de savoir à quoi cela sert. On serait ainsi plus aisément convaincu de la nécessité qu'il y a à faire l'Europe et à la doter d'une structure, constitution ou simple traité. Je m'intéresse pour ma part à la substance, c'est-à-dire à l'autorité, à sa légitimité et à ses finalités, plus qu'au mot qui va couvrir la réalité. Traité, convention, constitution, accord, pacte, peu importe. Tous les Latins rêvent de constitution, tous les Scandinaves ont encore en tête que leur souveraineté est pour l'instant inviolable. Ils ne sont pas dans le mécanisme mental que je décris. Quant à la Grande-Bretagne, en grande mutation car elle a l'habitude des responsabilités mondiales, elle est en train de comprendre que nos responsabilités nous sont communes, comme en témoigne sa politique de défense européenne. Simplement elle n'a pas de constitution, et considère qu'écrire le droit revient à le rigidifier et à le rendre impraticable. Il faut respecter ces habitudes. L'enjeu central, c'est de savoir si nous voulons une Europe puissante et capable de faire rayonner son modèle de civilisation. Il faut alors interdire les règles qui mettent en danger la protection sociale, limitent les services publics, nous empêchent de contribuer à la consolidation de la paix, et nous conduisent à rester sourd face aux besoins des pays pauvres en matière de développement.

— *Ce qui implique au moins de changer de ton ou de méthode vis-à-vis des Etats-Unis ?*

— En partie oui, mais je n'en suis pas sûr. Je commence à me demander sérieusement si nous ne commettons pas une faute dramatique, dans la guerre de la banane, ou à propos des outrances de Boeing par rapport à Airbus, voire même dans le domaine politique lorsque nous attaquons les Etats-Unis comme s'il s'agissait d'un bloc monolithique uni derrière son gouvernement. Le monde est désormais unifié. Dans toutes les grandes batailles pour le droit, lorsque se pose la question ou non de l'ingérence ou comme la Bosnie, on n'a jamais une position monolithique des Etats-Unis, mais toujours une grande bataille politique chez eux.

Les Etats-Unis sont un pays curieux, dont les fondateurs ont créé une Constitution pour empêcher le pouvoir central de devenir envahissant. C'est le pays où le pouvoir d'Etat est le plus paralysé, la seule nation au monde où la politique étrangère est contrôlée par le Sénat et non par l'exécutif. Il y a six politiques étrangères américaines : celle du président, celle du Sénat américain, celle du ministère des Affaires étrangères – souvent la même que celle du président – celle du ministère de la Défense, celle des services spéciaux et enfin celle des grandes compagnies, des intérêts pétroliers, agroalimentaires ou autres.

Toute grande cause démocratique dans le monde doit d'abord faire l'objet d'un combat et d'une victoire sur le territoire des Etats-Unis. C'est une immense démocratie et une grande culture même si les forces démocratiques paraissent en ce moment un peu menacées, la majorité parlementaire appartenant à des conservateurs outranciers. Ceux-ci constituent une aile républicaine à la fois hostile aux services publics et à la protection sociale, qui a empêché le président Clinton de mettre en place une assurance maladie analogue à celle que nous avons depuis 1945.

Point n'est besoin de nous construire une identité contre les Etats-Unis, mais de penser à la démocratie dans le monde, à partir de la puissance qu'aurait une Europe intégrée et dotée d'un commandement démocratique légitime, changé par alternance, élu, mais fort, univoque, capable de décisions rapides à la majorité. Il nous faut aussi trouver des alliés jusque sur le territoire américain. En ce qui concerne l'affaire la plus grave à mes yeux, la politique nucléaire militaire des Etats-Unis, nous ne gagnerons que si le camp des vrais démocrates, épris de paix aux Etats-Unis, l'emporte lui-même. Il faut donc créer cette alliance, cette complicité – d'abord intellectuelle – de quoi parlons-nous ? Quel est le diagnostic ? Quels sont les éléments techniques ? – ensuite politique, – Quelle conclusion tirons-nous de l'analyse sur laquelle on est tombé d'accord ? – puis enfin tactique, électorale et combative.

— *Vous avez également beaucoup réfléchi, beaucoup travaillé sur les relations Nord-Sud. Quelles analyses vous inspire l'évolution actuelle du continent africain ?*

— J'ai présidé pendant deux ans et demie la commission parlementaire du Parlement européen, qui avait la responsabilité du développement et de la coopération. Je n'ai pas seulement été un observateur, mais aussi un acteur de nos politiques de développement. La vérité, c'est que nous n'avons pas su nous y prendre. Nous dépensons un argent considérable : trente-cinq milliards d'euros tous les cinq ans à peu de choses près, ce qui équivaut, pour l'ensemble de l'Europe, à sept milliards d'euros, soit près de soixante milliards de francs par an. Ce sont des sommes gigantesques. Sans cette aide, certaines de ces nations seraient réduites à la famine. Mais nous n'avons pas su l'utiliser de manière à les aider à décoller, comme l'ont fait le Japon, il y a trente ans, Taïwan, la Corée du Sud, il y a quinze, vingt ans, la Malaisie plus récemment, même si elle rechute en ce moment. Le seul pays relevant de l'aide européenne à y être arrivé est l'île Maurice. C'est tout petit, exemplaire, mais non reproductible, car très particulier. L'Afrique va tout de même un peu mieux qu'on ne le croit. On n'a d'elle aujourd'hui que l'image des guerres, celle de la pauvreté, des charniers, etc., images face auxquelles le monde occidental développé – l'Europe, les Etats-Unis, le Japon, mais surtout l'Europe – reste lâche et indifférent. Nous n'avons pas les outils de décision politique nécessaires, pour intervenir à la manière de ce qu'on a fait au Kosovo ou au Koweït, empêcher une nation d'en opprimer d'autres, une ethnie d'en massacrer d'autres. Reste qu'au milieu de ce drame, les deux tiers de l'Afrique sont en paix depuis longtemps et que le développement économique de ces régions s'accélère quelque peu. Il est devenu supérieur à la vitesse d'augmentation démographique de la population. Mais nous ne savons toujours pas bien aider ce développement.

Mon sentiment est que l'Europe, devenant capable de décision, doit s'orienter dans deux directions. La première consiste à intensifier les dispositifs de prévention des crises, d'observation des tensions, et de préparation des négociations avec des minorités opprimées, avec des factions tribales, linguistiques et religieuses, non majoritaires, qui permettront de faire des réformes à temps de manière à prévenir le déclenchement des crises. Pour que cette action ait quelque efficacité, elle doit avoir des soldats à son service, quitte à ce que l'on forme et que l'on paye des soldats africains. Nous devons disposer de forces capables de s'interposer et de maintenir la paix. Dans le monde actuel, il y a une trentaine de guerres en cours, qui sont principalement des affaires de civils ou presque : il est fréquent que le soldat soit l'homme de paix maintenant. Tel est le cas des armées françaises qui ne servent plus que la paix, ce qui est à la fois nouveau et remarquable. Les récentes missions des armées françaises ont concerné la dépollution sur les plages après le naufrage de l'*Erika*, le déblaiement des routes encombrées par les arbres après la tempête de décembre 1999, le rétablissement de la paix au

Liban, au Kosovo, en Bosnie et dans bien d'autres pays. Toutes les armées françaises sont au service de la paix ce qui est une vocation européenne. C'est même une vocation mondiale. Nous ne faisons pourtant pas assez, nous qui sommes les plus riches au monde et les plus responsables. Cela ne servirait pas seulement le développement de ces pays mais aussi le nôtre.

Second élément, lui aussi à prendre en compte : nous devons modifier nos façons d'aider au développement. L'Occident, quand il a cessé d'être esclavagiste, – car nous l'avons été, nous avons vidé l'Afrique de la moitié de sa population, désertifié un certain nombre de contrées – a ensuite été colonialiste. Les difficultés de l'apprentissage de la démocratie par l'Afrique sont elles aussi liées en partie au fait que nous n'avons pas rempli notre métier d'éducateur démocratique quand nous étions colonisateurs. Les Africains ne l'oublient pas. Il serait prudent de s'en souvenir aussi.

Nous sommes devenus un peu plus généreux. Nous aidons l'Afrique avec les sommes considérables que je citais tout à l'heure, mais nous restons maladroits Nos deux instruments les plus importants sont l'outil public et les ONG. L'outil public est efficace pour ce qui n'est pas rentable : les routes, les ponts, l'électricité, l'eau potable, et éventuellement le téléphone, quand il n'est pas privatisé. A cela s'ajoutent la santé, les vaccinations. Le second instrument créé par l'Occident, ce sont les ONG, même si elles comprennent en leur sein quelques bandits, quelques parasites budgétaires sans grande imagination. Mais elles incluent aussi d'immenses générosités : ceux qui affrontent tous les risques, la balle perdue, la maladie, le mauvais salaire et qui procèdent à un transfert de savoir-faire. Pourtant l'idée que d'autres se serviront de ce savoir-faire pour devenir des petits capitalistes locaux leur fait horreur. Le développement commence par un combiné entre les routes et la sécurité. Il faut d'une part acheminer des produits, mais il est non moins nécessaire que des entreprises s'enrichissent en produisant et en vendant. Or, nous n'avons pas su créer les conditions d'émergence de suffisamment de petites entreprises en Afrique. J'ai, pour ma part, créé une entreprise privée qui se destine à cela, qui fait du capital risque, de l'ingénierie financière et de la consultance, c'est-à-dire aide à monter des entreprises pour de toutes petites unités partout où des projets intelligents sont proposés. J'en ai un à Dakar, un à Madagascar. On discute en ce moment d'un troisième en Afrique du Sud, et d'un quatrième au Congo, à Brazzaville.

— *Vous menez une activité spécifique dans les territoires palestiniens auprès de Yasser Arafat, que vous conseillez, et auquel vous apprenez, ainsi qu'à ses collaborateurs, les rudiments de la transparence financière, de la légalité démocratique?*

— Je me méfie du mot «apprendre». Arafat n'a rien à apprendre. C'est un formidable combattant, qui après avoir mené pendant quelque vingt-cinq ou trente ans un combat clandestin, au risque de sa vie, est devenu non pas le chef d'un Etat, mais celui d'une entité de droit public respectée et qui vit à peu près en paix, en tentant de construire une étape supérieure de cette paix avec ses voisins. C'est très difficile. Il passe d'un commandement militaire, clandestin, dont les finances et la stratégie devaient être totalement secrètes pour ne pas être offertes aux pressions de l'adversaire, à un commandement qui devrait être démocratique, donc transparent. Et on lui demande cela d'un jour à l'autre.

Au lendemain des accords d'Oslo, il devenait chef d'une entité publique aux inspirations démocratiques, ce qui est un peu fou et l'est plus encore pour ses collaborateurs, ses militaires, que pour lui-même d'ailleurs. Un groupe de travail international a donc été créé, une « task-force », auquel participent Carl Bild, ancien Premier ministre de Suède, Douglas Hurd, ancien ministre des Affaires étrangères britanniques, Henry Siegman, expert américain, le président de l'Arab Koweiti Bank For Investments, J. de la Rosière, ancien directeur du Fonds monétaire international et quelques autres, groupe que je préside.

Nous avons, au cours de l'année dernière, établi un rapport de diagnostics sur ce qui ne fonctionnait pas dans l'autorité palestinienne du point de vue de la constitutionnalité : trop de pouvoir entre les mains du chef, Yasser Arafat qui en usait arbitrairement, pas assez de constitutionnalité, pas assez de transparence, aucune indépendance de la justice. Une structure financière opaque permettait la concussion dans laquelle, il faut bien le dire, ont sombré quelques-uns des dirigeants palestiniens. Il était donc nécessaire, non seulement pour la respectabilité de l'autorité palestinienne, mais de l'autorité morale qu'elle prendra demain, de se débarrasser de la concussion, d'assainir et de rendre transparents et contrôlables les circuits financiers. On avait également besoin d'une véritable indépendance de la justice, d'une structure constitutionnelle claire et bien définie, d'une politique de services publics et de services sociaux correspondant aux aspirations démocratiques de ce peuple, qui est le plus riche en diplômés et en personnels qualifiés de tout le monde arabe, pour des raisons propres à son histoire. Ce fut pour moi une lourde tâche, mais aussi beaucoup d'honneur, que d'être chargé de fournir à l'autorité palestinienne et à son chef les éléments observés de ce qui n'allait pas, et de suggérer ce qu'il faudrait faire. C'est une aventure éprouvante.

— *On est assez frappé par le décalage entre la force de l'inspiration démocratique dans les pays dits émergeants et le désintérêt pour la politique dans les vieilles démocraties.*

— Voilà un autre très grave problème. Pour tout peuple qui vit sous un pouvoir autoritaire ou une dictature, la démocratie est évidemment le but, l'espoir suprême. C'est vrai que toutes nos vieilles démocraties installées sont faibles. Dans tous les pays démocratiques – que ce soit en Amérique du Nord, en Europe ou au Japon –, les taux de participation électorale sont en baisse. La France n'est pas parmi les plus mauvais même si la participation est en recul chez nous comme chez d'autres. Aucun président des

Etats-Unis n'est élu avec une participation électorale supérieure à 50 %, dont il réunit la moitié, donc 25 %. Or, il est à la tête de la puissance la plus forte du monde. Cela est relativement inquiétant.

Je pense que la fonction politique est aujourd'hui menacée dans son existence dans la mesure où elle est trop suspectée, où on lui demande plus qu'elle ne peut faire, où le système médiatique la prend pour bouc-émissaire, même lorsque sa responsabilité n'est pas complètement engagée. Si on considère le phénomène du chômage c'est flagrant. Le chômage est d'abord et avant tout une crise de la pensée. C'est une crise de la pensée économique qui se traduit par le fait que nous ne sachions pas organiser nos économies de manière à offrir un emploi, un revenu à tout le monde. Pourtant on en rend responsables les hommes politiques dont le métier n'est pas d'inventer des réponses à ce qui va mal dans la société, mais de choisir parmi les réponses proposées par la science ou les chercheurs les plus acceptables par l'opinion et les moins difficiles à mettre en œuvre. C'est cela le métier de politique. L'impuissance de nos sociétés à endiguer cette mutation technologique formidable fait que, quand le chômage diminue, c'est au prix d'une augmentation de la pauvreté.

Seuls deux tiers des habitants de nos pays qui vivent à peu près à l'aise, et sans grande inquiétude. Il en reste toutefois vingt millions dans une situation de précarité. Aux Etats-Unis, la pauvreté concerne soixante millions d'habitants ; c'est effrayant. On a tendance là aussi à incriminer les politiques, alors que, encore une fois, c'est une crise de société à laquelle l'Université, la recherche devraient réfléchir davantage encore qu'elles ne le font, même si les politiques devraient, eux, se tenir davantage sur leurs gardes. Tout cela affecte gravement le métier politique.

A cela s'ajoute l'accélération médiatique qui raccourcit l'horizon de pensée. On ne peut plus inciter les gens à réfléchir à long terme. Les seuls problèmes qui comptent sont les problèmes immédiats. Le besoin, la demande de réforme n'exigent pas vraiment un traitement long et progressif des choses, comme une médecine lente, mais réclament une intervention chirurgicale et visible. Or ce n'est jamais comme cela qu'il faut traiter les affaires des hommes. Dans ce décalage, il y a une impuissance croissante des politiques.

Nous avons enregistré cette année le retrait politique solennel de cinq ou six hommes politiques dont Philippe Vasseur, ancien ministre de l'Agriculture. François Léotard est à la limite de quitter la vie politique ainsi qu'un ou deux autres. J'en connais quelques-uns du côté de mes amis socialistes, moins connus. Le cas le plus récent est celui de Frédérique Bredin. Il y a là un problème qui appelle de nombreuses réponses. D'abord, il faut que nous arrivions à construire un pacte civique avec le monde journalistique, pour que l'exercice de l'activité politique soit présentée de façon compatible avec le fait qu'elle traite de phénomènes complexes. On ne règle pas les problèmes de société par des boutades ou par des affrontements. C'est une des clés. Il faut réfléchir et savoir.

Seconde clé : il faut qu'apparaisse enfin le nouveau Keynes capable de produire une réflexion économique théorique qui réponde à nos grands problèmes, à savoir la manière d'aider à faire décoller l'Afrique, le traitement du chômage, etc. Il nous faut de meilleures techniques à proposer à l'autorité politique.

Je reste néanmoins persuadé que les tâches fondamentales demeurent de l'ordre du politique. On retrouverait une noblesse de ce métier en rendant d'abord perceptible le fait que les responsabilités de l'Europe sont mondiales plus qu'elles ne sont intérieures et qu'il existe une générosité, un engagement, une chaleur réelles à contribuer à faire mieux vivre le monde. Je suis d'ailleurs relativement optimiste sur ce point. Internet ouvre une période nouvelle : des dizaines de millions de citoyens vont envoyer des messages, écrire, se répondre, ne plus capter l'information sans pouvoir réagir, comme lorsqu'on est tout seul devant son poste de télévision et qu'on reçoit un matraquage d'images. L'information qui passe par Internet va susciter une réaction des gens. On a toujours observé dans l'histoire que des dégâts humains suscitent leur contrepartie. On sait toujours mieux devant toute décision nouvelle décrire les dangers, les risques, les coûts qu'on n'est capable d'anticiper les réactions favorables, mesurer les aspects positifs et les recettes à venir. Le marché mais aussi les comportements sociaux vont susciter des réactions. Le monde a besoin d'être gouverné, mais aussi régulé. Des règles du jeu sont nécessaires dans toutes les affaires de la planète. Et ce besoin-là va se faire à nouveau sentir.

Nous vivons une période d'accroissement de la violence civile, de la délinquance, des guerres locales et de l'instabilité financière. Le monde ne va pas demeurer ainsi. Il y aura une réponse. Et je l'espère positive.

Entre-temps, il est vrai que nos jeunes générations talentueuses ne se mobilisent plus en politique et rejoignent l'entreprise privée plutôt que le secteur public. Je m'attends à des décennies au cours desquelles seuls de vieux conseillers généraux élus dans leurs cantons continueront à exercer ce métier impossible et discrédité, que l'on veut pauvre et en insécurité, le métier politique. J'ajouterai qu'il est mauvais, à mes yeux, que les gens s'incrustent dans leur mandat. J'ai combattu le cumul des mandats car il empêche celui qui en a plusieurs de se consacrer à un seul. Mais on arrive à cette situation absurde où aucun responsable politique, homme ou femme, local ou national, ne pourra assurer à son conjoint et ses enfants un revenu stable ni avoir une croissance constante de son expérience professionnelle, c'est-à-dire, il faut oser le mot, une espérance de carrière professionnelle. Les hommes et femmes politiques devront mener en parallèle une seconde carrière professionnelle. On se dirige ainsi vers une situation où seuls assumeront des mandats politiques des intermittents qui consentiront à un sacrifice temporaire de leur profession pour rendre le service public ou exercer un mandat. C'est généreux, sympathique, mais cela revient à nier tout apprentissage et toute professionnalisation de la vie politique. De plus ce n'est pas compatible avec la complexité croissante des questions posées aux politiques.

L'opinion n'est pourtant pas encore prête à le comprendre. Pour le moment, l'opinion publique de nos démocraties occidentales appelle de ses vœux la transparence, souhaite des élus responsables. Elle veut qu'on lui rende des comptes, refuse qu'on puisse s'incruster dans une fonction et exige l'exercice d'un véritable contrôle sur les politiques. C'est le prix à payer pour la période précédente, où l'autoritarisme des pouvoirs était trop grand.

Une fois que cette réaction aura été poussée à l'extrême, on découvrira cependant qu'on a besoin de vrais professionnels, que ce soit dans le traitement du problème des retraites, ou dans les négociations sur la paix et la guerre. Il faudra régler le problème des retraites en France, et pour sortir de cette extrême difficulté, il faudra des politiques qui connaissent leur histoire sociale, qui possèdent le droit de la Sécurité sociale, qui connaissent personnellement les partenaires sociaux, tant syndicaux que patronaux, avec lesquels ils vont négocier. Il faudra qu'ils aient obtenu leur confiance, qu'ils aient quelque idée de ce vers quoi on peut s'acheminer. Cela signifie des années, voire des décennies d'investissement intellectuel, ce qui n'est pas à la portée d'un nouvel élu fort seulement de trois ans de mandat. C'est clair. Nous allons donc payer tout cela. Il reste que le métier de politique est le plus noble des métiers.

Table des matières

Impression réalisée sur CAMERON par

BUSSIÈRE CAMEDAN IMPRIMERIES

GROUPE CPI

à Saint-Amand-Montrond (Cher)
pour le compte des éditions Flammarion
en mars 2001

N° d'édition : FF812401. — N° d'impression : 011248/1.
Dépôt légal : mars 2001.

Imprimé en France